国家社科基金青年项目（10CZZ003）

当代中国政府公信力提升研究

基于政府绩效评估战略

杨　畅◎著

中国社会科学出版社
CHINA SOCIAL SCIENCES PRESS

图书在版编目（CIP）数据

当代中国政府公信力提升研究：基于政府绩效评估战略／杨畅著．—北京：中国社会科学出版社，2015．10

ISBN 978－7－5161－6380－1

Ⅰ．①当…　Ⅱ．①杨…　Ⅲ．①国家行政机关—行政管理—评估—研究—中国　Ⅳ．①D630．1

中国版本图书馆 CIP 数据核字（2015）第 146996 号

出 版 人　赵剑英
责任编辑　韩国茹
责任校对　张爱华
责任印制　张雪娇

出　　版　中国社会科学出版社
社　　址　北京鼓楼西大街甲 158 号
邮　　编　100720
网　　址　http：//www.csspw.cn
发 行 部　010－84083685
门 市 部　010－84029450
经　　销　新华书店及其他书店

印　　刷　北京君升印刷有限公司
装　　订　廊坊市广阳区广增装订厂
版　　次　2015 年 10 月第 1 版
印　　次　2015 年 10 月第 1 次印刷

开　　本　710×1000　1/16
印　　张　12．25
插　　页　2
字　　数　160 千字
定　　价　46．00 元

目　录

第一章 绪 论

党的十六大明确提出要整顿和规范市场经济秩序，“健全现代市场经济的社会信用体系”。[①] 党的十六届三中全会指出：“形成以道德为支撑、产权为基础、法律为保障的社会信用制度，是建设现代市场体系的必要条件，也是规范市场经济秩序的治本之策。”[②] 党的十六届六中全会又进一步明确要“加强政务诚信、商务诚信、社会诚信建设”[③]。党的十七大报告再次明确指出“健全社会信用体系”。2010 年 6 月 23 日召开的国务院常务会议强调，要全面推进依法行政，不断提高政府执行力和公信力，努力实现建设法治政府的目标。党的十七届五中全会提出，要“完善政府绩效评估制度，提高政府公信力”。[④] 党的十八大报告提出，要“创新行政管理方式，提高政府公信力和

---

① 江泽民：《全面建设小康社会，开创中国特色社会主义事业新局面》，《实践》2002 年第 12 期。

② 《中共中央关于完善社会主义市场经济体制若干问题的决定》，《市场报》2003 年10 月 22 日。

③ 《中共中央关于构建社会主义和谐社会若干重大问题的决定》，《人民日报》2006 年 10 月 19 日。

④ 《中共中央关于制定国民经济和社会发展第十二个五年规划的建议》，《人民日报》2010 年 10 月 28 日。

执行力，推进政府绩效管理”[①]。2013年11月12日，党的十八届三中全会通过的《中共中央关于全面深化改革若干重大问题的决定》提出，“必须切实转变政府职能，深化行政体制改革，创新行政管理方式，增强政府公信力和执行力”[②]，要建设更有公信力的政府。然而在当代中国政府公信力建设中，仍有不少的理论瓶颈和实践困境等待我们去破解。

第一节 选题背景及意义

一 选题背景

（一）损害政府公信力的典型性案例频发

2007年10月12日，陕西省林业厅召开新闻发布会，宣布镇坪县发现野生华南虎，并公布照片。10月14日，镇坪县林业局的门口就挂上了一块崭新的牌子：镇坪县野生华南虎保护办公室。同时，该县的巨幅广告牌上加上了“闻华南虎啸”一语。然而在公众和媒体的质疑之下，经过前后将近一年的调查，证实“华南虎事件”是造假行为。

2008年9月爆发的“三鹿奶粉”事件引发了国家执行近20年的有关食品质量免检制度的废止，撤销了内蒙古伊利实业集团股份有限公司等三家企业乳粉产品中国名牌产品称号，“停止所有食品类生产企业获得的国家免检

① 胡锦涛：《坚定不移沿着中国特色社会主义道路前进，为全面建成小康社会而奋斗》，《人民日报》2012年11月18日。

② 《中共中央关于全面深化改革若干重大问题的决定》，《人民日报》2013年11月16日第01版。

产品资格，相关企业要立即停止其国家免检资格的相关宣传活动，其生产的产品和印制在包装上已使用的国家免检标志不再有效"[1]。

2008年9月，山西襄汾尾矿库发生"9·8"特大溃坝事故，事故的伤亡人数在7天之内9次更新：从最初的"1死1伤"攀升到9月14日18时的"254死34伤"。出现如此大的统计数字出入，原因有多种，其中存在某些部门或个人故意瞒报、漏报死难者人数的情况。新华社记者在山西襄汾县现场调查尾矿库事件曾用"不是天灾，而是人祸"来形容。

2009年，云南省李乔明在看守所被关押11天后非正常死亡，医生给出的死亡证明是："重度颅脑损伤"致死。2009年2月20日，晋宁县公安机关给出的死亡答案是：当天李乔明受伤，是由于其与同监室的狱友在看守所天井里玩"躲猫猫"游戏时，遭到狱友踢打并不小心撞到墙壁所致，这就是轰动全国的"躲猫猫"事件。在全国网民的揭露和舆论压力下，经过重新调查，2月27日，云南省检察院新闻发言人指出，李乔明系看守所内牢头、狱霸以玩游戏为名，殴打致死。

2009年11月24日，海口市工商局例行发布"商品质量监督消费警示"，称农夫山泉和统一的3款果汁饮料"总砷超标"。一时间，两家企业陷入"砒霜门"。农夫山泉迅速回应，坚持清白；海口市工商局也坚称检测结果无误。12月4日，海南省卫生厅认为海口市工商局存在程序

① 《质检总局开始停止食品类企业国家免检资格》，http：//www. cq. xinhuanet. com/news/2008－09/18/content_ /4434553－htm。

错误，后者发出紧急通知，3 款抽检产品复检又全部合格。这样的情况让消费者更是一头雾水，无可奈何！

2012 年以来曝光的发生在全国各地的年轻干部违规提拔事件，被提拔者的家人均是官场中人，且提拔的理由都是“领导班子需要配备年轻干部”。这些违规提拔事件，不仅对干部人事制度是一种伤害，对政府的公信力也是一种损伤。

2014 年 12 月 29 日 17 时 45 分，深圳市政府突然举行新闻发布会，发布《深圳市人民政府关于实行小汽车增量调控管理的通告》，抛出“限购令”，决定于当日 18 时起，在全市实行小汽车增量调控管理，给消费者留出的购车时间只有 15 分钟，堪称“闪电战”。而此前，深圳市政府主要领导和深圳市交通运输委员会相关负责人多次表态，深圳将以市场手段治堵，不会采取行政手段“限购”“限外”，这不得不让人们感叹“比有钱还任性的，是有权”。

这一系列非公信事件的发生，使人民群众感受到的是疑惑、焦虑、害怕。

（二）民众对于政府行为的信任度不理想

现在政府在处理各种自身失信问题时，都用一种“被监督者”的逻辑来思考和应对，主要方式表现为：事件曝光后，首先，隐瞒和控制事件的严重程度，人为地将特别重大事故降低为重大事故，重大事故降低为较大事故，层层递减；其次，尽量推卸自身在事件中的责任，能拖就拖，能推就推；最后，推无可推之后才勉强承认，而不是首先考虑自己应该承担的责任。正如中国人民大学毛寿龙教授分析的那样：“不管任何人，遇到监督的时候，都会尽力自我保护。一旦发现问题，被监督者，首先会隐瞒或否认事实；然后会尽可能利用自己的各种优势，比如信息不对称的优势，专业知识的优势，解决问题中的位置优势等，来大事化小，小事化了。然后是尽可能开脱自己的责任。尤其当被监督者的问题比较大的情况下，尤其如此。”[①] 而民众作为弱势群体的一方，本身就处于信息不对称的境地，而作为其代言人的政府机关想到的不是怎样解决问题，而是隐瞒问题、推卸责任，让民众的感情受到了伤害。

2007年8月，《小康》杂志发布的《2006～2007年度中国信用小康指数》报告指出，2006—2007年我国政府公信力指数为60.6分，超过70%的受访者认为一些地方政府存在着“隐瞒真实情况，报喜不报忧”的现象。这表明民众对地方政府在公共服务上的不作为和乱作为的担忧。[②] 2009年8月，《小康》杂志发布的《信用最差和最好的时代——2008～2009年度中国信用小康指数》报告指出，政府信用最受关注。调查显示，相对人际信用和公司信用，民众更担心政府的信用。在“您相信政府公布的各种社会经济调查数据吗”的调查中，认为“仅作参考，掺假的成分很多”或“绝对是假的，从来都不信”的比例高达91.1%；而在2007年的调查中，这个比例是79.3%。公众对政府行为的信任度直降10个百分点，一定程度上反映出政府失信问题相当严峻。[③] 2010年8月，《小康》杂志发布的《诚信恐慌——2009～2010年度中国信用小

① 毛寿龙：《“疫苗门”凸显当地政府“被监督行为逻辑”》，http://politics.people.com.cn/GB/99014/11213477.html。

② 《小康》研究中心：《2006～2007年度中国信用小康指数》，《小康》2007年第8期。

③ 《小康》研究中心：《信用最差和最好的时代——2008～2009年度中国信用小康指数》，《小康》2009年第8期。

康指数》报告指出，对于政府公信力而言，调查发现，“以权谋私、贪污腐败”“形式主义、官僚主义”以及“一些政府部门及其工作人员责任意识淡漠、失职渎职，导致一些地方食品、药品和环保等安全事故发生”，被认为是销蚀政府公信力的三大主因。政府公信力是政府获取社会公众信任、拥护和支持的能力，它在实质上体现了政府的治理能力。2009—2010年度中国政府公信力指数为63.0分，比上年度上升0.8分，① 仍处于一个低位水平。2012年8月，《小康》杂志公布的中国政府公信力指数为67.8分；2014年，这一指数为74.1分，分数的提升与当前党和政府加大对自身作风建设的力度和反腐败的力度有直接的联系。虽然，近几年的数据在逐步提升，但这些数据无疑都在诉说着民众对于政府行为的信任度依旧不理想。

（三）和谐社会建设和“中国梦”的实现亟待强化政府公信力

实现社会和谐，建设美好社会，始终是人类孜孜以求的一个社会理想，也是包括中国共产党在内的马克思主义政党不懈追求的一个社会理想。民主法治、公平正义、诚信友爱、充满活力、安定有序、人与自然和谐是社会主义和谐社会的基本内涵。诚信与和谐社会的民主法治、公平正义、安定有序内涵密切相关。没有诚信，特别是没有政府公信力，构建和谐社会的目标也无法实现。因此，认真审视和检讨政府公信力问题，提高政府公信力，重塑政府诚信新形象，让政府自身成为遵循诚实守信及信赖保护准

① 《小康》研究中心：《诚信恐慌——2009～2010年度中国信用小康指数》，《小康》2010年第8期。

则的示范者，是加强政府自身建设，推进科学发展，构建和谐社会的理性选择。

习近平总书记关于实现中华民族伟大复兴中国梦的一系列重要论述，闪耀着民族的梦想之光，点燃了人民的信念之火，是我们党团结带领全国各族人民坚持中国道路、弘扬中国精神、凝聚中国力量的方向指引。提升政府公信力，为全面贯彻落实科学发展观、正确政绩观和实现富民强国提供了必要的政府配套改革支持，为“中国梦”的实现提供了社会诚信保障。

（四）政府绩效评估战略的应用逐步成熟

西方国家行政改革主张在传统的垄断性公共部门内引入竞争机制，借用私营部门的管理哲学、模式和技术来重塑政府，绩效评估作为一种测量和提升政府绩效的治理工具，备受各行政改革国家的垂青。英国、美国、澳大利亚等国家作为当代西方行政改革的先驱，在政府活动中已经广泛而娴熟地运用绩效评估战略。英国政府推行的综合绩效评估体系（Comprehensive Performance Assessment，CPA）使英国政府机构的服务得到明显的改善，提高了民众对政府的满意度。美国联邦政府的《政府绩效与结果法案》（GPRA）建立了比较完善的绩效评估层级体系，实施针对具体公共项目的评估方案。1993 年 9 月，美国总统克林顿签署了《设立顾客服务标准》的第 12862 号行政命令，责令联邦政府部门制定顾客服务标准，要求政府部门为顾客提供选择公共服务的资源和选择服务供给的手段。①

① 蔡立辉：《政府绩效评估的理念与方法分析》，《中国人民大学学报》2002 年第 5 期。

澳大利亚从20世纪90年代开始形成较为健全的地方政府绩效评估体系，在澳大利亚，国家所有的公共产品和公共服务都必须公开接受社会公众的监督和评价。政府绩效评估作为引导政府及其工作人员树立正确导向、尽职尽责做好各项工作的一项重要制度，它的完善有助于提高公共部门行为在民众中的信任度，有利于大力推动经济社会发展。

积极学习和借鉴西方国家政府绩效评估的基本经验，探索和构建适合我国基本国情的绩效评估体系，成为近年来国内学术界和政府实际工作部门共同的选择。1998年年底，我国沈阳、珠海、南京和杭州等地率先开展了一些诸如“政务公开”“万人评政府”“听证会”“民众满意度调查”等活动，开启了以人民满意原则为指导的开放式政府管理及评估的尝试。2009年出版的《中国政府绩效评估报告》指出在实践中逐步形成了山东青岛的整体推进型、江苏邳州的战略导向型、贵州省直机关的目标责任制型、江苏南通的三位一体型、上海杨浦的问绩于民型、河南洛阳的干部实绩型等典型的绩效评估模式。2009年4月，湖南省委、省政府下发了《关于开展政府绩效评估工作的意见》和《2009年市州政府和省政府工作部门绩效评估实施方案》，并成立了省绩效评估委员会，从2009年开始对14个市州和相关省直部门进行政府绩效评估。2013年发布的《2013年市州党委政府绩效评估指标》，涵盖经济发展、社会发展、为民办实事、优化发展环境、党的建设与机关管理、重点工作与重点工程六个方面；《2013年省直机关各单位绩效评估指标》，涵盖了机关党建与管理、优化发展环境、重点工程与重点工作三个方面，并且都设计了具体指标，有切实的针对性和指导性。

二 选题的意义与价值

政府公信力是政府通过自身行为得到民众信任和认可的能力，提升政府公信力，是巩固党和政府的执政基础、提高党和政府的执政能力的必然要求。我们开展基于政府绩效评估战略的当代中国政府公信力提升研究，无疑具有一定的理论价值和现实意义。

（一）增强政府的合法性和权威性

西方哲学家史里斯·博克说："信任是我们必须保护的东西，因为它就像空气和水源一样，一旦受损，我们所居住的社会就会土崩瓦解。"① 政府的权力来源于人民，它受人民委托，依照宪法和法律的规定来管理国家事务，必须要全心全意为人民服务，才能获得人民的承认和拥护。从毛泽东、邓小平、江泽民、胡锦涛到习近平，党的中央领导集体一贯强调，中国共产党是为民族、为国家、为人民谋利益的政党，要坚持立党为公、执政为民，始终把人民拥护不拥护、赞成不赞成、高兴不高兴、答应不答应，作为一切工作的出发点和落脚点。我们要努力提升政府公信力，实现政府"权为民所用、情为民所系、利为民所谋"，使政府在和谐社会建设中具有合法性和真正的权威性。并运用绩效管理，提升政府公信力，推动政府管理改革，在和谐社会建设和"中国梦"的实现中树立良好的政府形象。

---

① Nicholson, N. eds., *Encyclopedic Dictionary of Organizational Behavior*. Malden: Blackwell Publishers Inc., 1998, p. 584.

（二）节约政府行政成本

政府公信力对于政府行政活动来讲具有十分重要的价值，一是政治公信力是一种重要的资源和财产，能够抵消部分行政成本。政府公信力是政府在长期管理活动中所积累和沉淀的为社会与民众所信任的财富，它将使其具有一种无形的吸引力。例如，在现代政府的招商引资活动中，投资者所看中的不仅是各种好看的优惠措施，更看中的是当地政府的公信力。如果，某地政府在长期以来的招商引资活动中在客商之中留下良好的信誉，将会有更多的客商主动前来，为政府活动减少一定的成本开销。二是政治公信力具有降低行政成本的经济功能。政府公信力不仅能抵消部分行政成本，还能够起到降低行政成本的功能。政府公信力在政府管理行为中的执行，使整个管理活动从开始到实行的整个过程都具有稳定性，使最后利益的实现更具有可预测性，为政府主体与管理客体双方减少监督违约行为和对之制裁的费用，从而实现降低行政成本的经济功能。三是政治公信力是规避行政成本风险的一种规则和制度。政府公信力是信用社会的基础，是降低行政成本的关键。政府把诚实守信作为一项机制来约束自身，其目的在于维护和实现社会民众的利益需要的同时，减少政府在管理活动中的信用风险，增加预期可获得的利益，最大限度地回避政府面临的行政成本风险。

（三）推进社会诚信体系建设

在分析很多人有不诚信行为的原因时，有 2/3 以上的受访者认为是受社会大环境的影响。多数人还认为，在当前社会大环境下，政府、企业都存在较为突出的信用问题，而个人作为社会生活的自然人，同时又是社会人，政府、企业因政绩、利益等原因导致的不诚信行为，必然会影响到这其中的个人信用。如果整个社会大环境的氛围都缺乏诚信，普遍存在欺上瞒下、欺骗大众的行为，那么个人的信用程度也将深受影响。[①] 在现代健全的社会诚信体系中，整个社会诚信的基础是政府诚信。政府公信力的提升，将推动政府诚信，并带动企业诚信、个人诚信、社会诚信的提升，为整个社会诚信体系建设打下坚实的基础，从而全面推进经济社会建设科学发展。

（四）探索和建构当代中国政府公信力理论体系

目前，政府公信力理论研究体系尚未构建，理论研究比较薄弱，客观上要求加强研究。本书基于当代政府公信力建设困境的国情，通过合理借鉴西方国家、我国政府公信力建设及其绩效评估的成功经验，遵循“和谐社会”“科学发展”的理念，系统研究当代中国政府公信力绩效评估体系的基本理念、理论基础、系统要素以及构建方略等，归纳出国家改革战略层面下当代中国政府公信力提升的理论视角和基本思路，以期为当代中国政府公信力建设实践的完善和推进提供必要的理论储备，为全面贯彻落实科学发展观、正确政绩观和实现富民强国提供必要的政府配套改革支持。

第二节　国内外研究现状

一　国外研究现状

政府公信力问题在西方受到广泛关注，是因为20世纪

---

① 《小康》研究中心：《2006～2007年度中国信用小康指数》，《小康》2007年第8期。

70年代石油危机之后的经济衰退导致社会与政治危机，政府无法有效承担并解决危机。

（一）西方传统信用思想在政府行为中的逐步融合

西方社会信奉基督教，他们笃信上帝，并且认为上帝无时无刻不在监督着他们的各种行为。人们遵循对上帝的信用，进而升华为人们之间守信的准则，正如《圣经》中写道："你当依靠耶和华而行善事，以它的信实为粮。"（《圣经·诗篇》）基督教为西方社会的信用提供了道德支撑，信用也成为信仰的一部分。同时，信用问题在法律领域得到了较早的关注。"在罗马法中，有诚实契约和诚信诉讼。诚实契约的当事人不仅要承担契约规定的义务，同时要具备善意、诚实的内心状态。在诚信诉讼中，承审人不受契约字面含义的约束，可根据当事人的真实意思对契约进行解释，并可根据公平原则对当事人的约定进行干预，以消除某些约定之不公正性。"①

西方传统信用思想在政府行为中的逐步融合，在西方国家政府改革的浪潮下，在政府信用、政府诚信研究扩展的过程中，政府公信力问题引起了民众的注意。相关领域的专家学者对此进行了探索和研究，主要代表人物有文森特·奥斯特罗姆（《美国公共行政的思想危机》，上海三联书店1999年版）、奥斯本和盖布勒（《改革政府——企业精神如何改革着公营部门》，上海译文出版社1996年版）、马克斯·韦伯（《经济与社会》，商务印书馆1997年版）、边沁（《道德与立法原理导论》，商务印书馆2000年版）、弗朗西斯·福山（《信任：社会美德与创造经济

① 刘莘、邓毅：《行政法之原则刍议》，《行政法学研究》2002年第4期。

繁荣》，海南出版社2001年版）、O. C. 麦克斯怀特（《公共行政的合法性——一种话语分析》，中国人民大学出版社2002年版）、马克·E. 沃伦（《民主与信任》，华夏出版社2004年版）等人。他们对政府公信力的关注主要表现在对科层制的批判和对现实信用体系的构建上，提出通过“顾客导向”的公共服务质量运动、反腐败行为和道德基础运动、民主管理与扩大民众参与、放松管制等措施提升政府公信力。古德赛尔（Goodsell）提出信任在促进民众与政府和谐共处的关系中起着中流砥柱的作用；民众对政府的信任是一种独特的制度信任，它包括民众对政府行政人员的信任、对政府管理过程中执行力的信任和对与政府行为相关联的社会制度的信任等。

（二）标准—普尔的政府信用等级评价体系在实践中的运用

标准—普尔（S&P）作为金融投资界的公认标准，提供被广泛认可的信用评级、独立分析研究、投资咨询等服务，已然成为一个世界级的资讯品牌与权威的国际分析机构。标准—普尔不仅涉及各个金融领域，也进行了对政府信用的等级评价工作。标准—普尔政府信用等级评价体系，是对各国（或地区）政府按期偿还债务的能力和意愿，即对主权信用风险所作的评估。1980年，标准—普尔评估了12个国家（或地区）政府的债务信用，级别均为AAA级。2002年，由标准—普尔监控的92个国家和地区政府债务信用等级，从AAA级到CCC级不等。2009年5月，标准—普尔公布的国家信用评级，其中获3A信用等级的国家或地区有18个，分别是澳大利亚、奥地利、加拿大、丹麦、芬兰、法国、德国、英属格恩济岛、英属马恩岛、列支敦士登、卢森堡、荷兰、挪威、新加坡、瑞典、瑞士、英国、美国。而到了2012年，拥有标普3A最高评级的主要国家和地区只有10个，即英国、加拿大、澳大利亚、瑞典、瑞士、挪威、丹麦、新加坡、中国香港和列支敦士登。这体现了西方发达国家高度重视政府信用等级在国家地位、国家发展中的重要意义，充分认同和推荐独立机构对于国家政府公信力的评价机制。

（三）政府绩效评估研究视角的政府公信力研究

西方国家以新公共管理为理论基石和实践指南的“政府再造”运动，将企业经营中重视成本、绩效管理、服务品质、顾客满意等策略注入政府运作之中，用于改善政府绩效。戴维·奥斯本、特德·盖布勒、库普尔等阐释了政府绩效评估的内涵；布赖顿·米勒德、伊莎贝尔·科特里尔、马克·G.波波维奇、布里埃尔·A.阿尔蒙德、马莎·马歇尔、戴维·斯温德尔和珍妮特·M.凯利等阐释了政府绩效评估的重要意义和实践价值；大卫·米斯顿、马克·霍哲、费舍、詹斯柏、特利·赛契、帕特莉莎·W.英格拉姆、美国锡拉丘斯大学（Syracuse University）马克斯韦尔（Maxwell）民众与公共事务学院、美国乔治·梅森大学（George Mason University）市场研究中心（Mercatus Center）等阐释了政府绩效评估的构建与实施。其中很重要的一点，就是通过对政府绩效评估的研究，改善政府绩效水平，提升政府在民众心目中的认同程度和诚信程度，提高政府公信力。

二 国内研究现状

国内学术界也高度重视对于政府公信力问题的研究，

主要体现在政府公信力的概念与内涵研究、政府公信力建设状况研究、政府公信力困境化解对策研究等三个方面，[①]特别是近两年的研究更加紧密结合了当下时代特征，包括了“突发公共事件背景下的有效政府沟通与政府公信力”“新媒体时代政府公信力的决定因素”“群体性事件频发背景下的政府公信力建设”“社会管理创新视域下提升政府公信力研究”等。但还很缺乏关于政府公信力和政府绩效评估战略结合的研究。

（一）政府公信力的概念与内涵研究

现阶段对政府公信力概念与内涵的认识，主要包括政府公信力是政府通过自身信用获取民众信任的情况或程度，是民众对政府行为的一种评价，是政府获得民众信任和支持的一种能力。

（二）政府公信力建设状况研究

政府公信力建设状况的研究主要包括政府公信力建设的主要内容、面临的主要问题和影响的主要因素。

政府公信力建设的主要内容，卢汉桥等人[②]认为应包括，政府行为公信力问题，即政府行为在公众心目中的可信任程度；政府政策公信力问题，即政府政策的制定、政策的价值和利益取向、政策责任机制在公众心目中的可信任程度；政府绩效公信力问题，即政府的绩效价值取向、绩效评估的实施与执行在公众心目中的可信任程度；政府资信公信力问题，即公众对政府渠道传递资信的信任程度。

---

① 贺培育、杨畅：《政府公信力研究综述与展望》，《求索》2005 年第 12 期。

② 卢汉桥、刘超、周威：《提升政府公信力 建设公信政府》，《湖南行政学院学报》2004 年第 4 期。

陶振[①]等人认为按照信任对象来划分，政府公信力的结构类型可分为政府体制公信力、公共政策公信力以及政治精英公信力三种。

政府公信力建设面临的主要问题，何显明[②]等人认为是政府公信力的弱化问题。改革开放以来，随着我国经济的迅速发展，各级地方政府在物质技术方面的能力获得了显著的增长，但与此同时，社会结构转型和体制转轨过程中新旧体制的冲突，政治体制、公共管理体制改革的相对滞后等，也使得不少地方政府没能实现整体公信力与地方经济的同步增长，甚至出现了逐渐弱化的趋向。政府公信力弱化主要表现在包括行为信用弱化，指的是由于政府行为（包括政府工作人员的行为）不规范、不负责任而导致的信用危机现象；政策信用弱化，指的是公众对公共政策合理性、正当性、科学性、有效性信任程度降低的现象；绩效信用弱化，反映的是政府绩效追求的价值取向背离公众利益，以及这种绩效本身的真实性受到公众怀疑所导致的政府公信力下降现象。

影响政府公信力建设的主要因素，龚培兴[③]等人认为政府公信力建设的反差显现出它在很大程度上取决于政府管理的理念、行为与效率的状况。政府管理理念的作用在于，它是一种向导，它告诉人们如何行事。正确的理念自然引导恰当的行为，这说明理念具有指导性。政府公信力

① 陶振：《政府公信力：属性、结构与本质》，《理论月刊》2013 年第 4 期。

② 何显明等：《地方政府公信力与政府运作成本相关性的制度分析》，《国家行政学院学报》2002 年专刊。

③ 龚培兴、陈洪生：《政府公信力：理念、行为与效率的研究视角——以“非典型性肺炎”防治为例》，《中共中央党校学报》2003 年第 3 期。

不仅与政府自身表现有关，而且与信任的投入者密切相关。政府管理行为的影响在于，行为根植于理念，而行为愈正当，行为主体获得的信任值就愈高。政府管理效率是结果，理念是认识论，行为是过程论，而效率则是结果论，三者环环相扣，相辅相成，政府管理效率是政府管理行为的必然结果。效率高低决定结果好坏，而结果好坏又决定政府公信力的强弱。

薄贵利[①]认为政府公信力受到以下要素的直接影响：第一，人道：政府坚持以人为本的执政理念，始终爱惜人的生命，关心人的幸福，尊重人格和人的权利；第二，民主：政府按照民主原则和程序组成，始终为广大人民群众谋利益，并自觉接受人民群众的监督；第三，法治：政府严格依法办事，做到有法可依，有法必依，执法必严，违法必究；第四，科学：政府管理符合实际，符合规律，符合科学发展观的要求；第五，廉洁：政府清廉，坚决打击和有效遏制各种腐败现象；第六，文明：政府行为符合现代文明精神和现代文明规范；第七，服务：政府及时周到、优质高效地为社会提供公共产品和公共服务；第八，效能：政府有效推动经济社会的发展；第九，改革：政府勇于推进改革，切实克服经济社会发展中的体制障碍；第十，创新：政府积极推进自身管理的创新，同时为整个社会的思想创新、理论创新、文化创新、科技创新、管理创新等创造宽松的环境和有利的条件。

郎佩娟[②]认为政府公信力的影响因素包括：政府是否

① 薄贵利：《十大因素影响政府公信力》，《人民日报》2008年11月5日。

② 郎佩娟：《如何重构政府公信力》，《人民论坛》2013年第5期。

追求功利、是否守法、是否诚实、是否守信、是否清廉、是否有羞耻心等。

关于政府失信的原因，唐铁汉等人[①]认为，一是政府职能转变滞后。由于没有很好地履行政府职能，一些地方政府还是管了一些不该管、管不了也管不好的事。在全面建设小康社会的进程中，人民群众对公共服务和公共产品的需求不断上升，对政府的期望值不断提高，但政府职能尚未及时转变，导致人民群众对政府信用度的主观评价降低。一些地方政府片面追求GDP增长，过多地充当了市场竞争主体的角色，忽视了政府社会管理和公共服务的职能。二是传统的政府管理方式不能适应市场经济发展的新要求。深化改革涉及面较广，触及深层次利益调整，改革的复杂性和艰巨性明显加大，对各级政府处理复杂问题的能力要求较高。一些政府官员由于不善于正确处理新形势下的人民内部矛盾，应对复杂局面和危机管理的能力较差，致使简单的问题复杂化，失去了群众的信任。由于一些政府部门的决策缺乏科学化、民主化和透明度，行政效率不高，官僚主义、形式主义和腐败问题突出，致使政府缺乏亲和度与感召力。三是政府依法行政还存在着许多不完善的地方。由于没有很好地解决有法不依、执法不公、多头执法、执法扰民以及执法监督不力的问题，致使有的地方政府缺乏权威性。由于行政责任追究制度不明确，一些政府部门及公务员的违法行政行为不能得到应有的惩罚，使公务员责任意识淡化。

（三）政府公信力困境化解对策研究

政府公信力困境化解对策研究主要包括以下几个视

---

① 唐铁汉、李军鹏：《努力提高政府公信力》，《光明日报》2005年2月1日。

角，从政府管理理念建设、从政府管理制度建设、从责任政府建设开展对策研究。

政府管理理念建设视角：唐铁汉等人[①]认为政府公信力建设应从以下几方面着手：第一，各级政府及领导干部应牢固树立执政为民的思想。政府的一切工作，都要以维护好、实现好、发展好最广大人民群众的根本利益为出发点和落脚点。第二，政府要全面履行职能，特别要加强社会管理和公共服务。政府要努力提供充足优质的公共产品与公共服务，不断满足人民群众日益增长的物质文化需要与公共服务需求。第三，各级政府及部门要坚持依法行政。政府讲不讲诚信，有没有公信力，一条重要标准就是看政府能不能严格执法，依法办事。各级政府及部门必须带头维护宪法和法律的权威，严格依照宪法和法律规定的权限和程序行使权力、履行职责。第四，推进行政决策的科学化、民主化。要改革和完善行政决策机制，努力提高决策的科学化、民主化水平。要规范决策程序，健全决策制度，优化决策环境，强化决策责任。第五，加强政风建设。要按照科学发展观和正确政绩观的要求，大力加强政风建设，加强对公务员的行政监督。

毛寿龙等人[②]认为，政府要通过努力逐步积累公信力，首先，政府要提高处理各种公共危机问题的能力；其次，政府的政策要具有公共性；第三，政府的制度要具有公共性；第四，政府的组织要具有效率。政府的核心公信力，不是来自一些花招，而是来自扎扎实实的政府自身建设，来自于系统的治道变

① 唐铁汉、李军鹏：《努力提高政府公信力》，《光明日报》2005年2月1日。

② 毛寿龙、谭沂丹：《公众相信政府的四种境界——政府公信力的成长之道》，《人民论坛》2012年第18期。

革，来自在理念、政策、制度和组织能力等多方面的长期努力。

政府管理制度建设视角：何显明等人[①]认为要增强政府公信力需要以下三个方面的努力，一是建立健全政府信用监督制约机制。现行的公共管理体制未能从制度层面有效地落实政府对公众的责任，以及公众对政府的监督制约能力，是地方政府及其官员的失信行为难以得到及时、有效制止的重要原因。二是深化公共政策制定实施相关制度的改革创新。要提高地方政府的公信力，就必须通过制度创新，实现公共政策制定和实施的科学化、民主化，增强公众对公共政策的信任。三是大力宣传和普及现代政府理念，加快行政文化的现代转型。

童中贤、杨畅[②]认为，政府行为的自由裁量权、政府决策的相对灵活性和政府权力的特殊性，使政府活动表现出一定的复杂性，这就决定了社会主义和谐社会背景下政府诚信建设的实践，是一项复杂的社会系统工程，必须通过正确的导向、制度的规范、严密的监督、坚实的激励来推动与促进政府诚信建设。

责任政府建设视角：吴威威[③]认为，塑造政府良好的公信力，关键是要建立负责任的政府，树立公众利益至上的责任意识，通过强化政府主客观责任，以塑造政府良好的公信力。一是强化行政人员的责任信念，培养良好的行政品德，夯实政府责任的道德基础。二是加强政府的责任机制建设，以激励和约束机制，促进政府依法行政、责任施政。三是通过民

① 何显明等：《地方政府公信力与政府运作成本相关性的制度分析》，《国家行政学院学报》2002年专刊。

② 童中贤、杨畅：《和谐社会观照下的政府诚信建设》，《理论探讨》2008年第1期。

③ 吴威威：《良好的公信力：责任政府的必然追求》，《兰州学刊》2003年第6期。

众参与公共管理，来直接促进政府部门的责任行为。

（四）政府绩效评估研究与政府公信力建设

关于政府绩效评估对于政府公信力建设的成果的专题研究较少，只是在相关研究成果中简单提到或者是相关实践活动中简单的运用。在理论研究层面，李沛然在《提高地方政府公信力的几点思考》中提到建立科学合理的政府绩效评估体系是提升地方政府公信力的途径；蒋健在《当前地方政府开展绩效评估的难点与对策分析》中在分析地方政府开展绩效评估的必要性时，指出开展地方政府绩效评估有助于提升政府的执行力和公信力。研究者还只是停留在研究政府绩效评估和政府公信力两者的关系上。在实践活动中，2007 年，人事部在其召开的政府绩效评估工作座谈会上指出，开展政府绩效评估，有利于提高政府执行力和公信力。2011 年，由国家监察部牵头召开的政府绩效管理工作部际联席会议在北京召开政府绩效管理试点工作动员会，指出推行政府绩效管理制度是提高政府执行力和公信力的重要举措，是转变机关作风、加强政府勤政廉政建设的重要抓手。因此，可以说，关于政府绩效评估和政府公信力建设之间的研究仍存在下列几个方面的不足：（1）缺乏从一种有效的视角对政府公信力困境进行研究，有待于用一种政府绩效评估的视角去解析；（2）缺乏系统、深入研究政府公信力与政府绩效评估战略发展之间的内在联系，把政府公信力研究从政府管理理念的层面提升到政府绩效管理层面，实现政府公信力研究与政府绩效管理发展研究的双向互动；（3）需要构建一个科学合理的政府公信力评估指标体系，并进行一定的实证分析。

第三节 研究方法和创新之处

一 研究方法

（一）规范分析与实证分析相结合的方法

规范分析所关注的是“应当是什么”的问题，是基于价值的判断。本书运用规范分析的方法，对基于绩效评估战略的当代中国政府公信力提升研究的基本范畴、基本理论（包括和谐社会、政府公信力、绩效评估战略的概念阐释、理论源流、内在价值、基本性问题等）进行了规范性的探讨，要从理论上解决当代中国政府公信力绩效评估体系“应当是什么”的问题。实证分析关注的问题是“是什么”。为了分析基于绩效评估战略的当代中国政府公信力提升研究的主体与范围、程序与途径等方面是否具有科学性、可行性和有效性，对相关政府的行为实践活动进行了实证评估。

（二）历史研究与比较分析相结合的方法

历史分析方法要求把研究对象放到特定的历史范围和背景中去加以考察和研究，本书分析了基于绩效评估战略的当代中国政府公信力提升研究的理论基础和现实依据，分析了政府公信力建设的历史、现状与预期，描述了和谐社会建设过程中当代中国政府公信力的建设状况。比较研究的方法，即“通过同一类事物的对比来认识事物”。该方法的优势在于可以帮助我们清晰地辨别国内外关于政府公共服务绩效评估的基本策略，辨别政府公信力建设及其绩效评估状况，为经验借鉴策略的选择提供一个支点。

（三）系统分析与因素分析相结合的方法

系统分析方法要求从系统论的观点出发，把研究对象视为一个整体进行审视，即从整体内部与外部、部分与整体的相互联系、相互作用、相互制约的关系的角度，对研究对象进行综合考察。按照这种方法的要求，研究基于系统整合理论的政府公信力绩效评估体系的系统功能。因素分析法指的是分析影响某一事物的因素有哪些，影响程度、相互作用及改善路径的一种分析问题和解决问题的方法。本书分析了相关因素对其的影响。这些因素包括评估主体选择、评估指标体系设计、评估流程塑造对政府公信力绩效评估体系构建的影响。

二　创新之处

本书的创新之处包括以下几个方面：

（一）目前的政府公信力概念比较侧重于政府或者民众单方面的认知，而本书将政府和民众的认知合二为一，指出政府公信力从政府主体的角度讲，是一种政府对民众的凝聚力、稳定力、责任力；从社会公众客体的角度讲，是一种民众对政府的满意感、信任感、归属感。

（二）本书致力于构建一个比较完整、系统的当代中国政府公信力理论框架，并从政府绩效评估的层面寻找政府公信力建设路径。

（三）把绩效评估战略引入公信力问题研究中，致力于设计一个比较科学的政府公信力评估指标体系，构建一个具有普遍适应性的、有效的政府公信力评估体系。

第四节　基本框架

本书基于政府公信力问题研究是和谐社会建设的重要影响因素的观点，在和谐社会建设的大背景下，以当代中国政府公信力建设的价值分析、现实社会中政府公信力存在问题的提出、政府公信力建设对策的思考、政府公信力评估体系的构建为主线，在系统研究政府公信力基本问题的基础上，将公信力问题研究与政府绩效评估相结合。

一 技术路线

本书的技术路线如图 1—1 所示。

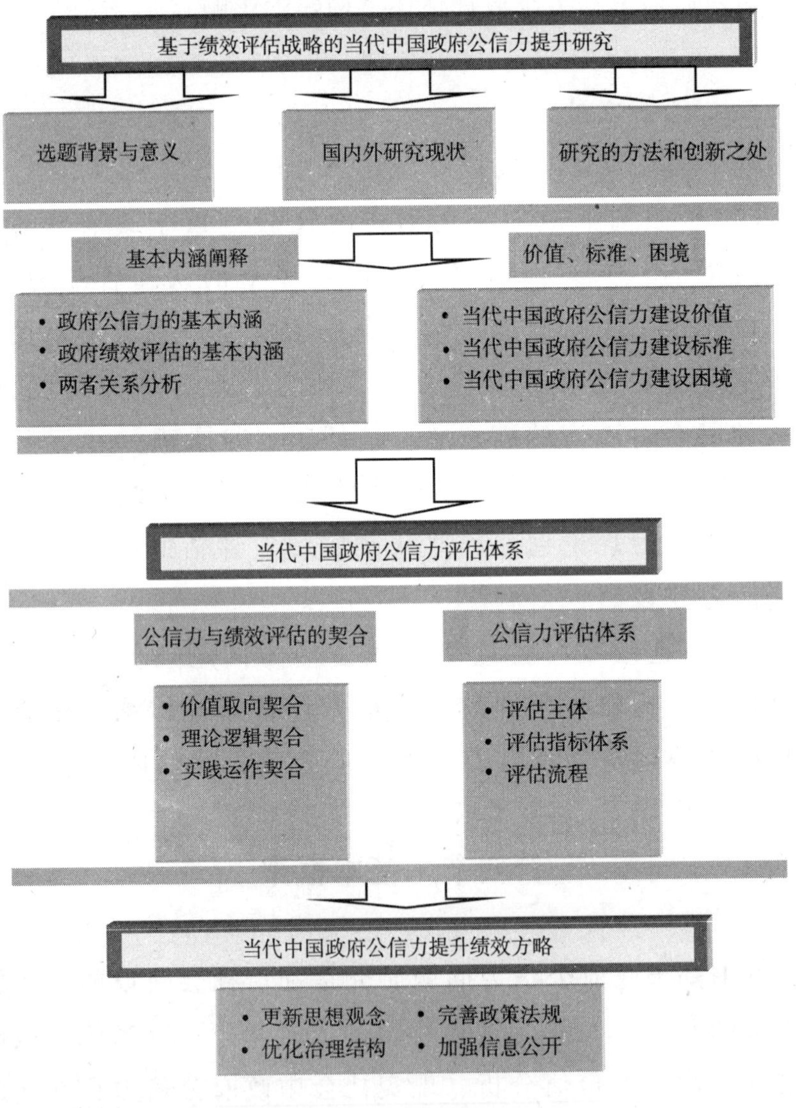

图 1—1 技术路线

二　主要内容

第一章　绪论。主要论述了本书的选题背景及意义、国内外研究综述、研究的基本框架、研究方法和创新之处。

第二章　政府公信力与政府绩效评估基础理论阐释。主要论述政府公信力的基本内涵、政府绩效评估的基本内涵以及政府绩效评估战略与当代中国政府公信力建设的关系。通过系统深入地研究两者之间的关系，从绩效改善的视角检视当代政府公信力建设的绩效，明确当代政府公信力建设的方向。

第三章　当代中国政府公信力建设标准与困境。主要论述了当代中国政府公信力建设价值，指出政府公信力是建设和谐社会的应有之义、构建服务型政府的德性追求、实施依法治国的基本保障、实现社会诚信的重要条件、发展市场经济的客观需要；论述了当代中国政府公信力建设的标准，即以政府对公众是否怀有良好的动机、政府对公权是否作出忠诚的行动、政府对公益是否承担切实的责任、政府对公信是否体现充分的诚实为标准；论述了当代中国政府公信力建设的困境，从绩效视角分析了困境产生的原因。

第四章　政府绩效评估战略与当代中国政府公信力建设的契合。主要论述了政府绩效评估与当代中国政府公信力建设在价值取向、理论逻辑、实践运作方面的契合。价值取向契合体现在民众为本、责任政府与工具理性的有机统一，理论逻辑契合体现在服务型政府理论、诚信政府理论与和谐社会理论之维，实践运作契合体现在域外经验与中国实践。

第五章 当代中国政府公信力评估体系构建的系统分析。主要描述了基于系统整合理论的政府公信力评估体系的系统功能，并从评估主体选择、评估指标体系设计、评估流程塑造三个方面提出了当代中国政府公信力评估体系的内容。

第六章 当代中国政府公信力提升的绩效方略。针对政府公信力建设困境，我们基于绩效评估的理念，从对应的角度进行破解，主要论述了当代中国政府公信力建设的理念塑造、当代中国政府公信力建设的制度供给、当代中国政府公信力评估的组织保障、当代中国政府公信力建设的技术支撑。

结论与展望

本书研究契合时代热点，符合政治经济社会发展需要，特别是在党中央深入推进反腐视野和中国特色治理理念视野下，有很大深入研究的空间。

三 重点难点

本书的重点难点包括以下几个方面：

（一）对当代中国政府公信力的内涵、理论基础、结构、规律的剖析和描述性研究。政府公信力是社会信用体系的基础和核心，受到广大民众的高度关注，因此基础性的铺垫十分关键。

（二）对当代中国政府公信力困境的分析和政府公信力困境原因的追寻，提出政府公信力提升的绩效方略。从政治生态损害、信息非对称、治理结构不完善等视角剖析原因，并针对问题从绩效解析的视角探寻了一种道路。

（三）将政府绩效评估引入当代中国政府公信力的建

设之中，对建立政府公信力评估体系的重要性和必要性分析。

（四）当代中国政府公信力评估指标体系的构建，包含政府公信力内部基础指标构成、政府公信力业绩与成本指标构成和政府公信力互动指标构成。

第二章　政府公信力与政府绩效评估基础理论阐释

政府公信力是社会信用体系的基础和核心，受到广大民众的高度关注，与社会生活息息相关。在当代中国政府公信力建设面临困境的时候，我们一直在寻找一个新视角去解析并提升政府公信力。政府绩效评估作为战略层面的制度创新和管理创新工具，日益受到重视并广泛应用于政府实践活动中，政府绩效评估的推行将有利于提升政府工作绩效，更好地服务于民众，从而提高民众对政府的满意度和信任度。我们分析政府公信力与政府绩效评估的基本内涵，对理解二者之间的相互关系及构建二者和谐发展的路径、促进政府公信力的提升具有重要意义。

第一节　政府公信力的基本内涵

一　“信”的历史沉淀

中国历史上第一部解释词义的书、中国最早的词典《尔雅》中以诚来释“信”[①]；中国第一部字典《说文解字》对“信”的

---

① 其中，释诂：允、孚、宜、展、诚、亮、询，信也。展、允、慎、宜，诚也。释训：有客信信，言四宿也。释地：岠齐州以南，戴日为丹穴，北戴斗极为空桐，东至日所出为大平，西至日所入为大蒙太平之人仁，丹穴之人智，大蒙之人信，空桐之人武。

解释是："信，诚也，从人从言。"在《诗经》《尚书》等我国早期文献中，已经出现了许多关于"信"的思想。"信"观念在儒家思想中占据着比较重要的位置，主要集中在"四书"中，其中《论语》中"信"字出现38次；《孟子》中"信"字出现30次；《中庸》中"信"字出现10次；《大学》中"信"字出现2次。[①]

"信"是处理人与人之间关系必须遵守的道德规范，随着儒家思想的广泛传播和深刻影响，"信"的观念逐渐融入中华民族的血液之中，成为我们丰富的道德遗产。传统道德所强调的仁、义、礼、智、信中，诚信就是其中一个重要的组成部分。《礼记·礼运》中提到"讲信修睦"，就是要求社会成员之间诚信以待，人与人之间形成像亲情一样的关系。《中庸》通篇用"诚"贯穿，指出"诚者，天之道；诚之者，人之道"。在长期的社会道德实践中，我国形成的重承诺、守信用的诚信道德传统一直延续至今，并不断发扬光大，诚信社会建设是中国历代仁人志士孜孜追求的目标。诚信作为调节人际关系的一种重要的基本的行为规范，更是成为构筑和夯实全社会互帮互助、诚实守信，全体人民平等友爱、融洽相处的和谐大厦的核心价值理念和重要基础。

二　"公信力"的内涵

目前我国学者对于公信力的研究比较缺乏，而且主要是集中在新闻、财务、法律等领域，对于政府公信力的研究就更加缺乏了。公信力概念的运用最先也主要集中在新

① 朱熹：《四书章句集注》，徐德明点校，上海古籍出版社、安徽教育出版社2001年版。

闻、法律等领域，因此，我们要从认识公信力的内涵着手来探析政府公信力的概念。

公信力，顾名思义是指获取民众信任的能力。但是，我们对公信力的研究不能停留在表面上。关于公信力的内涵，目前学者们的认识主要包括以下几种：

（一）公信力是一种获得信任的情况或程度，也是对获得信任情况或程度的评价尺度

1. 从学术角度来讲，公信力属于社会评价方面的术语，指个人、团体或事物获得民众认同信赖的情况。公信力不仅仅局限于政府、新闻媒体方面，其社会评价的范围十分广泛。①

2. 公信力是大众传媒在传播过程中通过客观、公正的报道和评论以及与社会系统的互动，在受众心里形成的对媒体的信任度、忠诚度和影响力。它不能简单通过视听率解释，它应该是一个完整而严密的信誉保证体系。②

3. 所谓公信力，从根本上讲就是民众的信任程度。

（二）公信力是一种获得信任、获取影响的能力

1. 公信力是指获取民众（或利益相关者）信任的能力。英文是 Accountability，表示“为某一种事进行报告、解释、辩护的责任，以及要为自己的行为负责任并接受咨询”。所以，也有人用“问责制”“诚信”来表示相同意思。③

① 程雄：《公信力：评价领导者的重要尺度》，《领导科学》2003 年第 17 期。

② 张昆等：《从“凯利事件”看 BBC 的公信力体系》，《国际新闻界》2004 年第 5 期。

③ 商玉生：《加强公信力建设 构建中国一流 NPO》，《学会》2005 年第 1 期。

2. 公信力是指新闻媒体能够获得受众信赖的能力。[①]

3. 大众媒介公信力是大众传播系统互动的产物。根据拉斯韦尔“5W”模式，媒介公信力应归属到该模式的第五个环节“产生什么效果”。而效果即影响力的产生，是其他“4W”——传者、信息、渠道和受众相互作用的结果。由此可见，媒介公信力本质上是媒介的影响力，是大众传播效果，只不过公信力所表征的不是一时一事短时间的影响考评参数。[②]

（三）公信力是一种信用与信任的结合体

公信力既内含了信任的因素，又包括信用（经济范畴）的成分，自然也涵盖了诚信（道德范畴）的要素。[③]

三　“政府公信力”的内涵

基于以上学术界对于公信力的认识，通过对“公信力”内涵与政府行为特征的综合研究，现阶段政府公信力的概念内涵主要包括以下几种：[④]

（一）政府公信力是政府通过自身信用获取民众信任的情况或程度

1. 政府公信力，是指政府依据自身的信用所获得的民众的信任度。政府公信力的概念事实上包括了政府信用与政府信任这两者的全部内容。其一，该概念涉及两个主体，信用方即政府，信任方即民众。其二，该概念包含两

① 张军锐：《论公信力语境的实现》，《新闻爱好者》2005 年第 4 期。

② 陈艳彩：《“公信力”——现代传媒的核心价值追求》，《新闻界》2009 年第 1 期。

③ 龚培兴、陈洪生：《政府公信力：理念、行为与效率的研究视角——以“非典型性肺炎”防治为例》，《中共中央党校学报》2003 年第 3 期。

④ 贺培育、杨畅：《政府公信力建设研究综述与展望》，《求索》2005 年第 12 期。

个行为，“信”与“被信”。其三，该概念表达一种理念，“信”与“不信”皆为民众的主观评价、心理反应和价值判断。其四，该概念标示一种信度。“信”或“不信”均存在着程度指数。其五，该概念只涉及一个内容，即政府的“言”“行”“果”是否一致。理念正确、行为正当和结果满意是构筑政府公信力的三大支柱。①

2. 政府公信力与政府信用是两个紧密联系又有所区别的概念。政府信用是指其履行对民众承诺（包括法定的政府职责、政府制定的公共政策所包含的信用责任等）的状况。政府公信力体现的是政府的信用能力，它反映了民众在何种程度上对政府行为持信任态度；政府公信力的强弱取决于政府所拥有的信息资源的丰富程度，这种信息资源既包括意识形态上的、物质上的，也包括政府及其工作人员在民众心目中的具体形象。②

（二）政府公信力是民众对政府行为的一种评价

1. 政府公信力是指社会组织和民众对政府行为的一种主观价值判断，它是政府行政行为的形象和产生的社会信誉在社会组织和民众中所形成的心理反应，即民众对政府整体形象的认识、情感、态度、情绪、兴趣、期望和信念等。它是政府行使公共权力效果的社会反馈，是政府责任行为的外射。政府公信力来源于政府存在的合法性（政府的形式合法性）和政府行为的合法性（政府实质的

---

① 龚培兴、陈洪生：《政府公信力：理念、行为与效率的研究视角——以“非典型性肺炎”防治为例》，《中共中央党校学报》2003 年第 3 期。

② 何显明等：《地方政府公信力与政府运作成本相关性的制度分析》，《国家行政学院学报》2002 年专刊。

合法性）。[①]

2. 政府公信力依赖于社会成员对普遍性的行为规范和网络的认可而赋予规范和网络的信任，并由此形成社会秩序。政府作为一个为社会成员提供普遍服务的组织，其公信力程度通过政府履行其职责的一切行为反映出来，因此，政府公信力程度实际上是民众对政府履行其职责情况的评价。

3. 政府公信力不是抽象的而是具体的，它是人民群众对政府行为的评价。政府公信力主要体现在以下方面：第一，政府的诚信程度；第二，政府的服务程度；第三，政府依法行政的程度；第四，政府民主化程度，等等。

（三）政府公信力是政府获得民众信任和支持的一种能力

公信力是政府的影响力与号召力。它是政府行政能力的客观结果，体现了政府工作的权威性、民主程度、服务程度和法制建设程度。[②]

综上所述，本书认为政府公信力是指政府依靠自身行为信用获取和提升民众对政府的信任度和满意度，增强政府对民众的影响力、号召力、凝聚力，从而推动政府职责履行绩效提高的能力。这个概念主要包括以下几个内涵：一是政府公信力的基础来源于政府的信用。如果政府没有信用，政府公信力就是无源之水，无根之木。二是政府公信力的核心是民众对政府的信任度和满意度。它强调的就是民众对政府的信任度和满意度，在某种意义上来说就是

① 吴威威：《良好的公信力：责任政府的必然追求》，《兰州学刊》2003 年第 6 期。

② 肖云、王振华：《公民社会背景下政府公信力建设——以“华南虎事件”为例》，《成都行政学院学报》2009 年第 3 期。

对政府行为的一种评价。三是政府公信力的作用就在于能增强政府对民众的影响力、号召力、凝聚力。民众将会自动地团结在他们所信任的政府周围，形成一个坚强的战斗集体。四是强调政府公信力的最终目的就是推动政府职责的履行，以及政府行为活动绩效的提高。这也是我们研究政府公信力的最终目的所在。

第二节　政府绩效评估的基本内涵

一　政府绩效是政府行为目标实现的程度及其综合效益的输出

“绩”释义：功业，成果[①]；“效”释义：效果，成果[②]。绩效，从字面来看包含成绩和效益的意思。在西方学界，伯纳丁（Bernardin）等人认为，绩效是在特定时间范围内，在特定工作职能、活动或行为上生产出的结果记录。[③] 凯恩贝尔（Campbell）、迈克罗依（McCloy）、奥普勒（Oppler）和塞格（Sager）提出，绩效是员工自己控制的与组织目标相关的行为，绩效是多维的，没有单一的绩效测量；绩效是行为，并不必然是行为的结果；这种行为必须是员工能够控制的。[④] 波曼（Porman）和摩托维德勒

① 《新华词典》（修订版），商务印书馆1996年版，第422页。

② 同上书，第988页。

③ Bernardin，H. J. & Beatty，R. W.. *Performance Appraisal: Assessing Human Behavior at Work*，Noston：Kent Publishers，1984.

④ Campbell，J. P.，McCloy，R. A. Oppler，S. H. & Sager，C. E.. “*A Theory of Performance*”，In N. Schmitt & W. C. Borman（Eds），*Personnel Selection in Organizations*，San Francisco：Jossey－Bass，1993，pp. 35－70.

(Motowidlo) 提出了任务绩效和关系绩效的概念。[①] 在国内学界，彭国甫指出对绩效的不同理解主要是因为存在着个人绩效与组织绩效的区别，以及学者们看待这些问题时所持的视角。他认为绩效表示成绩、成效，是对二者的综合，成绩强调对工作或学习结果的主观评估，成效强调工作或学习所造成的客观后果及影响。[②]

绩效运用到不同的领域，会体现不同的概念内涵。运用在经济管理活动方面，主要体现经济管理活动的结果和成效，倾向于一种对经济利益的追寻；运用在人力资源管理方面，是指对于主体行为承担者——人力投资的投入产出比，倾向于对人的潜能的充分挖掘而产生的效益；运用在政府部门中来衡量政府活动的成果，则是一个包含多元目标、综合效益在内的概念。

政府绩效是政府管理的一个新的综合性的评估范畴。政府管理的经济性与时效性的评估范畴经历了一个由行政成本到行政效率、由行政效率到行政效益、由行政效益到政府绩效的演进。[③] 从内容上来讲，政府绩效主要包括经济性（economy）、效率（efficiency）和效益（effectiveness），其中，经济性是指政府取得物质和人力资源的成本（term）和条件（condition）；效率是指政府所提供的产品和服务与所使用的资源之间的关系；效益指政府完成既定的任务或工作项目的程度与其全部目标（overall aims）之

① Porman, W. C. & Motowidlo, S. J.. "Expanding the Criterion Doman to Include Elements of Contextual Performance", in N. Schmitt & W. C. Bormaned, *Personnel Selection in Organizations*, San Francisco: Jossey - Bass Publishers, 1993, pp. 71—98.

② 彭国甫：《地方政府公共事业管理绩效评价研究》，湖南人民出版社 2004 年版，第 36 页。

③ 彭国甫等：《地方政府绩效评估研究》，湖南人民出版社 2005 年版，第 2 页。

间的关系。经过实践的检验，3E指标，即经济性、效率与效益，已成为“分析绩效的最好出发点，因为它们是建立在一个相当清楚的模式之上，这个模式是可以被用来测评的”[①]。

综上所述，本书认为政府绩效是指政府在履行其民众委托的公共管理、公共服务职能过程中目标实现的程度及其综合效益的输出。一方面，政府绩效体现的是政府用民众委托的职权为民众服务的一种担当，关系到民众对政府的信任度和满意度；另一方面，政府绩效体现的是政府行为活动所产生结果的实现程度、经济效益、社会效益等的一种综合效益的体现。

二 政府绩效评估是一种有效推进政府革新的战略管理工具

中国社会处于急剧变革与加速发展的时期，社会转型从结构转换、机制转轨、利益调整和观念转变的角度展开，民众的行为方式、生活方式、价值体系都发生了明显的变化。政府必须承担起改革发展时期管理和引导社会发展的责任，传统的政府管理模式已经不能适应变革时期政府管理的需要。绩效评估作为一个重要的战略管理工具从企业管理活动中引入到政府管理活动中来，通过运用科学的标准、方法和程序，对政府绩效进行评定和划分等级，并推动政府绩效进行改善，从而促进政府管理革新。本书认为政府绩效评估是对政府在履行其民众委托的公共管理、公共服务职能过程中目标实现的程度及其综合效益的

① 于军：《英国地方行政改革研究》，国家行政学院出版社1999年版，第183页。

输出状态和水平的考核。

战略管理大师迈克尔·波特（Michael E. Porter）指出要有效推进战略管理活动，必须具备五项关键点：独特的价值取向、为客户精心设计的价值链、清晰的取舍、互动性、持久性。[①] 政府绩效评估作为一种推进战略管理的工具，强调以提高服务质量和民众满意为价值取向，蕴含了公共责任和顾客至上的价值链，明确提出政府管理活动要以结果为导向，强调政府和民众之间的互动，并且要将政府绩效评估战略作为一个长期性、持久性的制度来推行，表明了政府绩效评估是一种有效推进政府革新的战略管理工具。

政府绩效评估强调提高服务质量和民众满意的价值取向，蕴含了公共责任和顾客至上的价值链。政府绩效评估的价值通过它的目的反映出来，哈里（Harry P. Hatry）认为，绩效评估的目的就是为了提高公共服务的质量。1993年美国颁布的《政府绩效与结果法案》开宗明义，指出进行政府绩效评估和颁布该法案的目的就是为了在提高政府效率和管理能力的同时，提高公共服务的质量，建立和发展公共责任机制，提高社会公众的满意程度，改善社会公众对政府公共部门的信任程度。[②]

政府绩效评估明确提出政府管理活动要以结果为导向。1993年美国《国家绩效评论》把地方政府绩效评估界定为政府官员对结果负责，而不仅仅是对过程负责；其目的在于把公务员从繁文缛节和过多规则中解脱出来，发

---

① 战略管理：百度百科（http：//baike. baidu. com/view/57774. htm？fr = ala0_ 1）。

② 转引自蔡立辉《政府绩效评估的理念与方法分析》，《中国人民大学学报》2002年第5期。

挥他们的积极性和主动性，以使他们对结果负责，而不再仅仅是对规则负责。因此，地方政府绩效评估以结果为本，就是要建立一种新的公共责任机制：既要放松具体的规则，又要谋求结果的实现；既要增强公务员的自主性，又要保证公务员对民众（顾客）负责、对结果负责；既要提高效率，又要切实保证效能。①

政府绩效评估强调政府和民众之间的互动。政府绩效评估作为改善公共部门与民众关系的工具，加强了民众对政府信任的措施，凸显了服务和顾客至上的管理理念，强调了政府是公共服务的供给者，政府管理工作必须以顾客为中心，以顾客的需要为导向，倾听顾客的声音，按照顾客的要求提供服务，真正做到想顾客之所想，急顾客之所急，办顾客之所需，做顾客的忠实、优质服务者。②

政府绩效评估是作为一个长期性、持久性的制度来推行的。政府绩效评估活动的开展难以取得立竿见影的效果，它的推行也将是一个逐步推进、曲折前进的过程。它需要通过理念的深入人心、推行的扎实有效、制度的逐步健全，经过长期性、持久性的实施才能取得应有的成效。

三 政府绩效评估体系是政府管理系统中一个相对独立的子系统

政府绩效评估体系作为政府管理系统中的一个相对独立的子系统，主要包括评估目标、评估对象、评估主体、评估指标、评估标准、评估流程、评估分析报告等要素，

---

① 蔡立辉：《西方国家政府绩效评估理念及其启示》，《清华大学学报》2003 年第 1 期。

② 彭国甫等：《地方政府绩效评估研究》，湖南人民出版社 2005 年版，第 4 页。

它们共同构成一个完整的绩效评估体系，并且相互联系、相互影响。

（一）政府绩效评估的体系要素

1. 评估目标。评估除了可以作出基本的价值判断之作用之外，还可以用于进行选择、预测，并发挥导向作用。政府绩效评估作为政府绩效管理系统中的关键一环，针对每一个具体问题的评估时将会有与之相应的评估目标，当然，其最终、最核心的目标在于最大限度推动政府战略目标的实现。

2. 评估对象。绩效评估一般包括两个对象：一是组织绩效；二是工作人员绩效。政府绩效评估主要是针对政府管理活动中的部门绩效、工作人员绩效进行评估。

3. 评估主体。究竟由谁来评估政府绩效？参与并具有评估话语权的人或组织，涵括了政党组织、国家权力机关、民众、非政府组织、专业性评估机构等。

4. 评估指标。政府绩效评估指标是指反映政府管理活动的特定概念和具体数值，是影响政府管理绩效水平的“关键成功要素”。政府绩效评估指标是衡量和监测政府管理水平、评估政府管理发展和揭示政府管理问题的重要量化手段。

5. 评估标准。政府绩效评估标准是指在政府绩效评估活动中，评估者根据需要针对评估指标而制定的尺度和标量，是评估政府绩效水平优劣的基本准绳。

6. 评估流程。政府绩效评估流程是指从政府绩效评估活动开始到产生、运用评估结果的过程，它是整个政府绩效评估系统运作的载体。

7. 评估分析报告。政府绩效评估分析报告是对评估活动结果的记录、评估活动过程经验和教训的总结、评估活动结果运用的依据、评估活动结果档案建立的基础。

（二）政府绩效评估体系的设计

政府绩效评估体系的设计一般包括以下步骤：

· 确定政府发展战略和管理目标，找出关键成功要素

· 确定政府绩效的评估指标和评估标准

· 选定评估主体

· 根据每个部门的情况对政府绩效评估指标进行分解，确定它们的评估指标和评估标准

· 撰写政府绩效评估分析报告

政府绩效评估系统结构如图 2—1 所示：

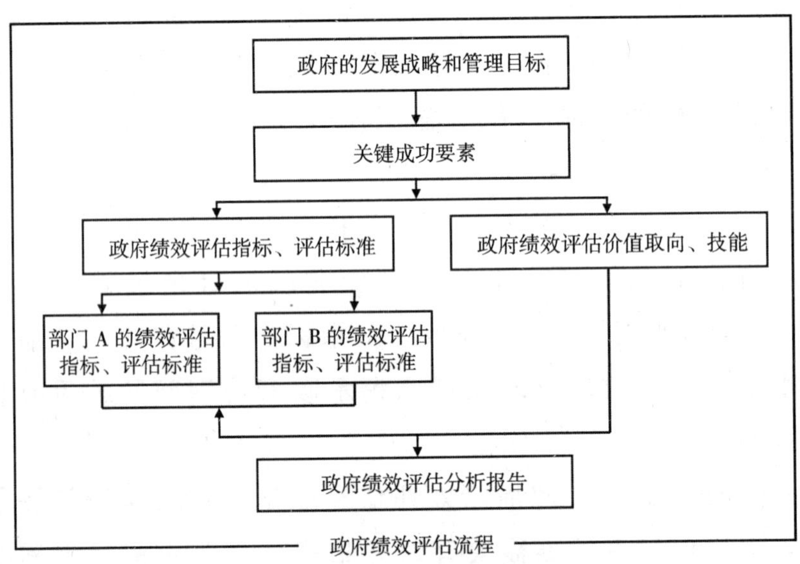

图 2—1　政府绩效评估系统结构

政府的发展战略和管理目标是决定整个政府绩效评估系统中指标体系和价值取向的核心因素；政府绩效评估指标和部门的绩效评估指标构成的绩效评估指标体系以及评

估标准是绩效评估系统的核心内容；政府绩效评估流程是整个绩效评估系统运作的载体。

第三节　政府绩效评估战略与当代中国政府公信力建设的关系分析

本节系统深入地研究政府绩效评估战略与当代中国政府公信力建设之间的关系，从绩效改善的视角检视当代政府公信力建设的绩效，明确当代政府公信力建设的方向，为后文中相关研究奠定基础。

一　当代中国政府公信力建设对政府绩效评估的影响

（一）当代中国政府公信力建设有利于提升政府绩效评估的水平

当代中国政府公信力建设对于政府绩效评估的提升主要体现在对政府绩效评估主体参与的鼓励、政府绩效评估标准内涵的增加、政府绩效评估指标的调适方面。一是对政府绩效评估主体参与的鼓励。当代中国政府公信力建设能激发更多主体参与到政府绩效评估中来。在政府公信力建设的过程中，由于政府公信力的提升，民众对政府的信心日益增加，政府也更愿意让民众参与到政府绩效评估活动中来。同时，政府公信力的提升，民众觉得参与到政府绩效评估活动中更有价值和意义，能更好地行使他们的权力，伸张他们的主张，在这种动机支持下，更多的主体愿意参与到评估政府绩效的活动中。二是对政府绩效评估标准内涵的增加。政府绩效评估标准的内涵更多地集中在经济（economic）/成本标准、效益（effectiveness）/质量标准、效率（efficiency）/生产力标准和公平（equity）方面。当代中国政府公信力的建设将民众对政府的信任度、满意度，政府对民众的影响力、号召力、凝聚力的内涵融入到政府绩效评估标准中，更能体现政府绩效评估中的民本价值和为民倾向。三是对政府绩效评估指标设计的调适。提升政府公信力的一个重要途径就是通过转变政府职能，从管制型政府向服务型政府转变，这样民众才能对政府产生信任，才能更好地接受政府所提供的公共产品和公共服务。政府绩效评估指标很重要的一点就是要体现政府在市场经济条件下所承担的职能，因此政府公信力的建设对于指标设计有调适功能。我们要结合和谐社会发展的要求，按照中央的有关规定，逐步建立体现科学发展观的绩效评估指标体系，综合运用绩效评估的方法，规范绩效评估程序，突出绩效评估的服务性和创新性，切实增强绩效评估的科学性、可行性、有效性。

（二）当代中国政府公信力建设是政府绩效评估应用的重要舞台

虽然我国政府绩效评估活动近年来已经逐步展开，其评估实践也取得一些成绩，但是，由于政府面临公共管理和公共服务的复杂性和困难性，政府绩效评估总体上还是处于一种急需推广应用的状态，当代中国政府公信力建设为政府绩效评估的应用提供了重要舞台。例如在现在政府公信力建设的许多方面都需要将政府绩效评估引入进来：一是应对群体性事件中的政府公信力建设。群体性事件具有民众爆炸性参与、利益表达和情感诉求，大范围的失控趋势，巨大的经济、社会损失等特点。群体性事件的爆发是地方政府公信力缺乏的表现，同时也进一步损害了地方政府公信力，主要体现在以下几个方面：第一，群体性事件是对地方政府未能有效承担公共事务的激烈抗议；第二，群体性事件是对地方党政领导干部执政能力的严峻挑战；第三，群体性事件是对地方政治发展滞后的强烈反应。[①] 引入政府绩效评估，促使政府担当起公共管理和公共服务的职能，提升执政能力，从而加强地方政府公信力，有效缓解社会矛盾，减少群体性事件的发生，已经成为当前政府必须着力解决的问题。二是乡镇政府治理危机中的政府公信力建设。当前乡镇治理危机的实质是乡镇政府公信力的流失，体现在“自利”的乡镇政府争抢民众的利益、政策执行的随意性破坏了民众的信任、对国家惠民政策的截留使群众对乡镇政府的公益性提出质疑、债务急剧增多使乡镇政府信用迅速降低，等等。当前政府绩效评估工作的执行更多的是从宏观层面和较高层面的政府、较为发达地区的政府进行推行的，乡镇政府层面的政府绩效评估还需加大推行力度，来帮助乡镇政府公信力的提升。三是民众的“被”文化后面的政府公信力建设。“被增长”“被就业”“被自愿”“被代表”……百姓口中调侃的“被”话语日渐流行，这也说明我们亟待加大政府绩效评估力度，从制度上加强政府公信力建设。

（三）当代中国政府公信力建设与政府绩效评估相辅相成

政府公信力建设是政府发展的永恒主题，是一个不断运行的动态过程。政府公信力建设取得的成效常常要直接

① 徐逸伦：《从群体性事件看地方政府公信力建设》，《“中国特色社会主义行政管理体制”研讨会暨中国行政管理学会第20届年会论文集（2010年）》。

或间接地通过政府绩效评估来体现和实现。绩效评估不是一蹴而就的，而是一个从评估问题的认定、绩效目标的确立到评估指标的制定，从具体考核、评估的实施，乃至信息的反馈、总结和改进工作等全部活动的过程。换言之，绩效评估也是一个持续的、周期性的行为过程，将贯穿于政府公信力建设过程的始终。因此，我们认为一次评估活动的完成，并不意味着评估的完全终结，而是新一轮评估活动开始的起点。社会在不断地发展和进步，要针对政府公信力的建设状况来确定新的绩效目标，在实践中实现地方政府绩效的持续改善，实现两者的良性互动，从而推动政府公信力建设的长期性和战略性。

二 政府绩效评估对当代中国政府公信力建设的推进作用

（一）政府绩效评估推动当代中国政府公信力建设

经济社会的快速发展，对政府转变职能、强化公共管理和提升公共服务提出了新的更高的要求。当代中国政府能不能够做到依法行政、执政为民，直接关系和影响到政府公信力的高低。然而在实际生活中，我们还是能发现政府行为活动中出现的有法不依、违规甚至违法办事的行为，政府亵渎和滥用了民众赋予的神圣职权，这难免会让政府在民众心目中的公信力打折扣。以行政事业收费为例，上级出台的行政事业收费文件，是一些部门收费的依据。但我们有些部门却把收费作为一种重要的管理方式，当成一个重要财源，甚至把管理目标量化成了收费数量，把加强管理变相成了加大收费力度。一种行为重复100遍，就会成为一种习惯；一种习惯被100人重复100遍，就会成为一种社会风气。而社会风气就有很强的感染力、浸透力和驱动力。如果不解决这些问题，就会成为不良的社会风气，就会毒害我们党和政府的肌体，久而久之，老百姓必然会产生很大的意见。[①] 政府绩效评估是政府革新的重要战略管理工具，以绩效评估来推进政府管理理念、体制、机制和方式方法的创新，切实提高管理质量，将有利于促进政府不断改进管理方式，提升管理能力，优化行政资源，降低行政成本，提高行政效率；有利于严肃行政纪律，强化监督机制，确保政令畅通；有利于充分听取人民群众对政府工作的意见，提高人民群众对政府的满意度，增强政府公信力。因此，可以说政府绩效评估是一种有效推进政府公信力建设的战略管理工具。

（二）政府绩效评估导引当代中国政府公信力建设

政府绩效评估是一根强有力的指挥棒，它对当代中国政府公信力建设方向至少在两个层面起着导引作用：第一是理念层面。在当代中国政府公信力建设过程中所体现的民众对政府的信任度、满意度，政府对民众的影响力、号召力、凝聚力，都可以与政府绩效评估所体现的各种新管理主义因素，如效率取向、效益取向、公共责任、顾客导向、结果为本等相结合，并通过绩效标准的检验来加以判断和衡量。第二是操作层面。政府绩效评估是一个具体的、可操作的管理工具，可通过其工具性意义将政府公信力表达出来，也就是可以将民众对政府的信任度、满意度，政府对民众的影响力、号召力、凝聚力这样感性的概

① 彭国甫：《开拓创新 攻坚克难 全力推进科学跨越》，2009年2月11日在岳阳县党政负责干部会议上的讲话。

念通过具体指标体系的构建、评估的实施以及评估结果的执行体现出来，与提高政府公信力紧密相连。同时，政府绩效评估将民众作为评估主体的重要一环，民众能更好地参与绩效评估指标的选择、绩效评估行为的实施、绩效评估结果的反馈与改善等环节，从总体上增加对政府绩效评估活动的把握和了解，并且能更好地理解和认同，从而对政府的信任会理所当然地增加。

（三）政府绩效评估增强当代中国政府公信力建设的合法性

委托—代理理论把政府管理活动理解为一系列委托人（民众）一方与代理人（政府）一方发生交易的协议关系。根据协议，代理人（政府）代表委托人（民众）完成各项任务，而委托人（民众）则赋予代理人（政府）权威并给予报酬。民众与政府之间的这种关系是一种以行政权为中心的委托—代理关系，民众将行政权委托给政府行使，同时希望政府向他们提供必要的公共服务与公共物品，如国防、治安、消防、教育、卫生及各种生活基础设施等。政府代理民众行使公共权力，并通过履行职责获得相应的利益，如政府组织获得法定权威、继续存在和发展的权利，政府成员获得工资、报酬、荣誉等利益。民众与政府之间的委托—代理关系的存在必然包含着一种彼此双方的信任。从委托—代理关系角度来说，政府合法性的成立一方面是委托人（民众）对代理人（政府）的信任，即民众认为政府行为在多大程度上满足了和提升了他们对政府的满意度和信任度，以及他们对政府公信力维持和增进的期待程度，是民众对政府公信力的评价；另一方面是代理人（政府）对委托人（民众）在委托契约中赋予的期待、承诺、责任的回应和履行，即政府认为应该通过不断的努力来完成所承担的提供公共服务和公共物品的责任，积极地建立自身的公信力。① 政府的权力“起源于契约和协议，以及构成社会的人们的同意”②，当代中国政府公信力建设的合法性是以政府公信力建设行为被民众所认同为前提的，衡量合法性最根本的标准就是获取民众的支持和认可。政府绩效评估是向民众展示政府活动成效的机会，展示政府公信力建设各项指标的运行状况，从而提升当代中国政府公信力建设的合法性。

① 潘小刚、杨畅：《基于信息非对称的政府信用流失和行政成本研究》，《湖南行政学院学报》2006年第1期，人大复印资料《公共行政》2006年第6期全文转载。

② ［英］洛克：《政府论》（下），叶启芳、瞿菊农译，商务印书馆1964年版，第105页。

第三章　当代中国政府公信力建设标准与困境

构建社会主义和谐社会，是进入新世纪后新一届中国政府提出的重大任务，适应了我国改革发展进入关键时期的客观要求，体现了广大人民群众的根本利益和共同愿望，这也是当代中国政府公信力建设所处的最大的历史背景。社会主义和谐社会的要义是要建设民主法治、公平正义、诚信友爱、充满活力、安定有序、人与自然和谐相处的社会。政府公信力建设不仅是和谐社会的本义所在，而且与民主法治、公平正义、安定有序等密切相关。没有公信力，特别是没有政府公信力，就不可能有社会的和谐，构建和谐社会的目标也无法实现。

第一节　当代中国政府公信力建设价值：构建和谐社会的理性诉求[①]

政府公信力在政治生活和政府活动中的价值几乎从来

---

① 童中贤、杨畅：《和谐社会观照下的政府诚信建设研究》，《理论探讨》2008 年第 1 期，在本书中稍作改动。

都得到无上推崇。古今中外，莫不如斯。仅在中国，就有商鞅变法“立木为信”的佳话，有“民无信不立”“忠信以为城池”“匹夫行忠信，可以使一身；君主行忠信，可以保一国”等古训。司马光更是将诚信之德阐述得淋漓尽致：“夫信者，人君之大宝也。国保于民，民保于信；非信无以使民，非民无以守国。是故古之王者不欺四海，霸者不欺四邻，善为国者不欺其民，善为家者不欺其亲。不善者反之，欺其邻国，欺其百姓，甚者欺其兄弟，欺其父子。上不信下，下不信上，上下离心，以至于败。”① 政府公信力是政府自身存在的根本，也是社会诚信的核心，更是和谐社会的理性诉求。

一　政府公信力是建设和谐社会的应有之义

人类社会是一个不断从低级向高级发展的历史过程。建立平等、互助、协调的和谐社会，一直是人类的美好追求。中央提出构建社会主义和谐社会，符合人类历史发展规律的要求，是我国在新时期推进伟大事业的又一重大战略举措。我们所要建设的和谐社会，应该是全社会互帮互助、诚实守信，全体人民平等友爱、融洽相处的社会。通过开展政府公信力建设活动，营造良好的诚信政务和诚信环境，完善诚信制度，发挥表率作用，就会有利于促进整个社会诚信体系的形成，使诚信对个人而言是高尚的人格力量，对企业而言是宝贵的无形资产，对社会而言是正常的生产生活秩序，对党政机关而言是良好的形象，从而构筑和夯实和谐社会的重要基础和支撑。在长期的社会道德

① 司马光：《资治通鉴》，黄山书社 1997 年版，第 13—14 页。

实践中，我国形成的重承诺、守信用的道德传统，对维护社会稳定起到了重要的作用。在现代社会，诚信是调节人际关系的一种重要的基本的行为规范，更是行政素质的重要体现。如果我们的政府本身不具备公信力，又怎么组织和动员社会各方面加入到诚信建设行列中来，怎么引导人们在实践中增强诚信意识和信用现象，养成诚实守信的良好品质，进而怎么形成信用为本、操守为重的社会风尚？显然，这是与和谐社会建设要求格格不入的。

二　政府公信力是构建服务型政府的德性追求

为人民服务是党的根本宗旨，是各级政府的神圣职责。党和政府的一切工作，归根到底都是为了实现好、维护好、发展好最广大人民的根本利益。在现代政府建设理论与实践中，人们提出了构建服务型政府的理念，根本目的是进一步提高政府为经济社会发展服务、为人民服务的能力和水平。很明显，构建服务型政府，就需要有美德的人来参与，并使政府具有公信力。按照詹姆士·哈林顿的说法，“只有美德受到一致公认时才能达到目的，如果政权是民主的和平等的，便尤其如此”[①]。而在J. S. 密尔看来，虽然“一切旨在成为好政府的政府，都是由存在于社会各个成员中的一部分好的品质为管理集体事务而组成的”，然而，到目前为止，要把具有美德的人选拔和集中起来，并最好地发挥这种美德对政府的影响，只有民主化的代议政体才有这种可能。“代议制政体就是这样一种手段，它使社会中现有的一般水平的智力和诚实，以及社会

① ［英］詹姆士·哈林顿：《大洋国》，何新译，商务印书馆1996年版，第36页。

中最有智慧的成员的个人的才智和美德，更直接地对政府施加影响，并赋予他们以在政府中较之任何其他组织形式一般具有的更大的影响。”① 与此同时，要维持这种民主化的政体更需要政府公信力。国家法律其实就是政府最庄严的承诺，如果政府管理者对自己没有基本的道德要求，不信仰法律，不服从法律，就会不守信用，政府就不会具有公信力，就难以实现构建服务型政府的目标。“如果法律被停止执行，这只能是由于共和国的腐化而产生，所以国家就已经完蛋了。”②

三　政府公信力是实施依法治国的基本保障

依法治国是我国必须始终坚持的治国方针。从某种意义上说，法的颁布就是国家对人民作出的承诺，实际上，法律法规与规章规定的内容，都是承诺。如规定的立法目的、基本原则、基本规则和制度等内容都是要求民众和政府做到的，许多民众的权益都以法的形式由政府保护或者奖励，对许多违法行为都以法的形式承诺由政府查处或者制裁。我们要真正实现依法治国，体现在政府守法和政府执法两个方面，就必须要求我们的政府具备诚信，政府公信力是实施依法治国的基本保障。

政府守法就是政府信守承诺、实施依法治国的基础。当然，国家权力机关制定的宪法和法律决定，地方权力机关制定的地方性法规、决定，不是政府的承诺，但是政府是权力机关的执行机关，不仅无权改变国家和地方

① ［英］J. S. 密尔：《代议制政府》，汪瑄译，商务印书馆 1982 年版，第 28 页。

② ［法］孟德斯鸠：《论法的精神》（上册），张雁深译，商务印书馆 1997 年版，第 20 页。

权力机关的承诺，而且有义务保证承诺的实现。政府守法就是代表权力机关信守诺言。行政法规和行政规章、决定是政府直接对人民作出的承诺，保守承诺，有大部分内容就是守法。公正执法是民主法治的一项重要内容，如果执法不公，再好的法律也是一纸空文，法的承诺也就无法兑现。

政府执法实际上是在代表国家履行诺言。具备公信力的政府是诚信执法的政府，应该成为政府一项最基本的法则。政府机关作为权力机关的执行机关，国家法律、决定和地方性法规，政府自身的行政法规和行政规章，这些国家和政府的承诺要实现，都离不开行政执法。因为法治要求政府权力必须以一种可知的、可预测的方式行使，只有这样，才能给民众行为提供规范和指导，民众也才有可能对自己将来的行为进行筹划、安排和控制，整个社会秩序才能有条不紊地得以维系。这就要求政府机关既要守法，又要公正执法。

四　政府公信力是实现社会诚信的重要条件

尽管政府公信力与社会诚信存在互动的关系，但居于主导地位的却是政府公信力。政府所担负的引导、监督、管理社会信用的职责，决定了它是基本社会信用制度建立和维护的主体。古人云“民以吏为师”，今天我们讲“村看村，户看户，群众看的是干部”，政府一言一行都是整个社会的表率，一个国家政府的品质总是成为该民族性格品质的标签，政府的许多行为具有强烈的示范效应和重要的引导作用。政府自身如不能践约守信，承诺不兑现，说话不算数，就必然会招致社会组织和个人的竞相效仿，从而导致整个社会诚信缺失的“多米诺骨牌”效应，整个社会将陷入诚信危机的恶性循环中。关于这一点，托克维尔明确地指出：“如果说贵族的政体的主政者偶尔试图学坏，那么，民主政府的首长则自动变坏。在前一种情况下，学坏的官员使公众的道德受到直接打击；在后一种情况下，变坏的官员对公众的思想意识发生的影响必将更为可怕。”为了说明各种官员的学坏对公众道德产生的毒害，托克维尔还以一个“无名小卒”的突然“步入仕途”对公众造成的反面影响，进行了生动论证：“在民主制度下，一些普通民众看到他们当中的一个人没有几年就从无名小卒爬到有钱有势的地位后，必定吃惊和眼红，并在心里琢磨昨天还与自己一样的人为什么今天有资格领导他们了。要把这个人的发迹归因于他的才德，那是令人不痛快的，因为这等于承认自己的才德不如人家。因此，他们便到这个人的某一劣行中去找主要原因，并且经常认为这样做是对的。结果，在卑鄙和权势之间，在下贱和成功之间，在丢脸和实惠之间，便出现了可悲的概念混乱。”① 政府诚信是弘扬信用文化、建设诚信社会的重要前提。

五　政府公信力是发展市场经济的客观需要

市场经济把法治与信用紧密联结在一起，市场经济是法治经济，也是信用经济。我们要健全“统一、开放、竞争、有序”的现代市场体系。这里的“有序”，核心内容就是法治和诚信。诚信是市场秩序的支柱，是市场繁荣的

---

① ［法］托克维尔：《论美国的民主》（上卷），董长果译，商务印书馆 1997 年版，第 252 页。

基石；失信必然损害市场，丧失市场。当然，市场经济要讲利益，但这不能成为不讲诚信的理由。“君子爱财，取之有道。”这里所说的“道”，一个重要内涵也是诚信。“言而无信，行之不远。”大量事实证明，制假售假、坑蒙拐骗，也许可逞一时之快，得一时之利，但必以东窗事发、身败名裂而告终。并且随着社会的发展，制度的完善，依靠诚信而获得成功的现象会越来越普遍，不讲诚信而付出的代价会越来越沉重。可以说，诚实守信，过去、现在和将来都是经济发展的重要条件。

但近些年来，随着我国市场经济的快速发展，信用缺失问题日益突出，社会经济生活中存在的地方保护、雁过拔毛、审批拖拉、权贵资本、红顶商人等问题相当严重。这不仅大大增加了经济活动的成本，降低了经济活动的效率，而且造成了重大的经济损失，扰乱了市场经济的秩序，危害了国民经济的整体素质。政府在市场经济扮演了市场制度规则的主要提供者和监督执行者的角色，规则要得到公众的认可并在社会经济活动中真正起作用必然取决于政府的诚信度。政府要提供符合市场经济规律的、值得信赖的、稳定、透明的规则，并且保证其功能的实现，这是市场经济健康发展的必然要求。有识之士认为，投资环境特别是软环境欠佳问题，绝大多数是政府不依法行政和不作为造成的。因此，从建设诚信政府的角度，推进政府职能转变，建立良好的服务环境、信用环境，才是投资获得最终成功的关键所在。在一个开放的、市场化的社会里，政府公信力已成为决定人力资本和货币资本走向的重要因素。

第二节　当代中国政府公信力建设标准:遵循"四公"标准[①]

不同的政府角色其评价标准是不一样的。而政府角色,从不同的角度可以给出不同的定义。比如从政府作为的角度可以给出"守夜人"角色、"全能者"角色等;从政府职能的角度可以给出"服务型政府"角色、"有限政府"角色等;从行政民主的角度可以给出"参与型政府"角色、"阳光型政府"角色、"专制型政府"角色等。在履行职责的过程中,还有不同的分工,不同的分工也就意味着不同的角色。有的学者则把政府角色界定为:政府是由手中握有大小不等权力的人构成的组织机构;政府是一个统治机构、执法机构,同时又是一个暴力机构;政府是一个公共的社会服务机构;政府是一个官僚机构;政府是一个代理机构。[②] 可见,政府不只具有一个单一角色,而是一个角色丛。所以,我们从政府作为公共权力的执掌主体来评价公信力问题,也就集中体现在"四公"上:对公众是否怀有良好的动机、对公权是否作出忠诚的行动、对公益是否承担切实的责任、对公信是否体现充分的诚实。

一　政府对公众是否怀有良好的动机

在现代社会,公众是政府合法性的最基本的支撑条件。一个正常的社会,其政府都需要具有最低限度的合法

---

① 童中贤、杨畅:《和谐社会观照下的政府诚信建设研究》,《理论探讨》2008年第1期,本书中稍作改动。

② 陆震:《政府诚信三题》,《城市管理》2004年第5期。

性，即公众对政府有起码的认同与服从。从某种意义上说，政府的这种合法性首先就来源于政府的公信。孔子认为，足食、足兵和民信是政府治理的三件大事。如果要从三者中挑出重中之重，那就是“信”，“民无信不立”。那么，政府需要的这种“信”，又从何来呢？显然只能从“诚”里来，也就是说，政府对公众要怀有真挚、善良、诚实的动机与愿望。政府行为的目的是确定的，但达到同样的目的却可以有不同的甚至完全相反的动机，如果动机不纯，即使能达目的，也不能认为这就是政府诚信了。对此，德国哲学家康德认为，对行为的道德价值要以它的动机来评价，而且只能从它的动机出发来评价。一种行为的道德价值不取决于它的爱好，也不取决于它所要实现的意图，而是取决于它的动机。所谓行为之良好动机或者“善良意志，并不因它所促成的事物而善，并不因它期望的事物而善，也并不因它善于达到的目标而善，而在于由于意愿而善”。在康德看来，街头小店虽然挂有“童叟无欺”的招牌，且商人对每一个人都保持价格一致，买卖确实是诚实的，但这却远远不能使人相信，商人这样做是出于责任和诚实原则，他们之所以这样做，“既不是出于责任，也不是出于直接爱好，而单纯是自利的意图”。[①] 显然，康德对商人道德的要求过于苛刻。然而，政府就不一样了。政府的职责是从事社会公共管理，提供公共服务，政府的所有行为都是面对社会公众，为公众服务的，如果打着诚信的幌子而实现政府的私利，那就表明政府与公众的关系

---

① ［德］康德：《道德形而上学原理》，苗力田译，上海人民出版社 1986 年版，第 47 页。

是不纯洁的。因此，在评价政府公信力方面，应当区别于对商人诚信的评判。

二　政府对公权是否作出忠诚的行动

政府作为公权的实体，一旦失去公共权力，也就无从存在了。公共权力的意义在于：其一，它使政府能够对社会公共资源作出权威性分配，同时也使政府能够对社会公共事务作出权威性决定。简单地说，作为社会的公共权力，它掌握了对社会公共资源的控制权。而且，社会公共资源本身在某种程度上也由这个公共权力来决定，当然，公共权力所能支配和控制的社会公共资源，不同的国家和地区在规模、数量上会有所差别。其二，政府作为一种公共权力机构，它自身的生存是通过社会的捐税来解决的，国民通过纳税的方式维持着政府的生存。十分明显，离开了公权，政府就无法作为；离开了税收，政府就无以生存。

忠诚是一个重要的行政伦理范畴。古希腊时期的忠诚思想是围绕城邦、国家这个主题的，亚里士多德在《政治学》中论及行政人员的任用时，就明确指出任用的首要条件是必须要效忠于现行的政体。这与我国古代的“忠不违君”相比，显然具有进步意义。文艺复兴时期的行政忠诚更为理性，在其后的洛克的《政府论》中，我们可以看到这样的忠诚观，即在人们通过相互订立契约而组成的国家和政府中工作的行政人，最高的忠诚准则应是忠诚让渡给政府权力的人民。古德诺从行政理论、韦伯从组织理论、西蒙从管理决策理论等不同的角度都论述过忠诚问题，丰富了行政忠诚的内涵。

从政府角色来讲，政府是执掌公共权力的主体，是行使公共权力的代表。因此，对公共权力的忠诚就成了政府最高的忠诚准则，忠于公权就是忠于职守。因为在行政活动中，政府面对的公权范畴比人民范畴更实在、更直接、更具体，政府不是每时每刻都需要它的人民的，有时甚至还把它的人民推到对立面，但政府一刻也不能离开公权。所以，评价政府诚信，一定要看其对公权是否作出忠诚的行动。如果一个政府滥用公权，谋取私利，在社会的捐税之外巧取豪夺，这样的政府就毫无公信可言了。此外，根据罗尔斯的观点，诚信原则是与“允许原则”“公平原则”或者“忠诚原则”联系在一起的一种精神。人民把公共权力赋予政府，也就允诺了政府可以对社会公共资源作出权威性分配，对社会公共事务作出权威性决定，这种“权威性”不仅具有强制性，更具有公平性，那么政府就一定要按此做好，这是政府的承诺。政府“根据公平原则负起了一种履行自己所作出的诺言的责任”①，这种责任就是忠诚的责任。只有对公共权力作出忠诚的行动，才是一个具备公信力的政府，也是诚信政府应有的美德：即政府必须在法律法规的框架内用权，且公共权力的行使应当真诚，并相信公共权力在自己的手中能够得到自觉、有效、公正、准确的行使。

三 政府对公益是否承担切实的责任

维护、实现、发展公共利益是政府最重要的职责，政府的一切行政活动应以实现公众最大福祉为终极目标，因

---

① ［美］约翰·罗尔斯：《正义论》，何怀宏等译，中国社会科学出版社 1997 年版，第 336 页。

此，政府必须对公益承担必要而实际的责任，这也是现代民主政府与传统专制政府的最大区别之一。

作为一项行政道德原则，承担公共利益服务的责任应当成为政府行政人员基本的价值观念和行为准则，自然也是评价政府诚信的重要标准。然而，尽管人们一再强调，政府的行为不应当以追求自身利益为目标，但在实然行政活动中，政府追求自身利益的现象不仅存在，而且还比较突出。根据有的学者在2002年所做的一项问卷调查表明，以公务员为主的受访者群体普遍不重视行政效率与社会公共利益：选择重视行政效率和社会公共利益这两种价值倾向的仅各占12%左右；选择“平衡论”倾向的受访者所占的比例也不高，占19.14%；与这几个倾向相反，接近一半的被调查者在匿名问卷的前提下，非常坦诚地选择了重视“好处”的“利益行政”。[①] 这说明，政府在行政过程中追求自身利益的倾向非常明显，政府行政实践中重视“好处”的利益行政与政府应当承担的促进公共利益的价值取向，已经形成了一对重要的矛盾，同时也给我们提出了一系列需要解决的问题。当代中国的政治与法律理论中，反对政府机构追求自身利益，是一种共同的声音。政府自身也宣称，除了人民群众的共同利益，没有自己的特殊利益。然而，实际生活中的利益行政现象又相当突出。在这种情况下，政府机构追求自身利益是否具有某种有限的合理性？或者说，要不要在政治与法律理论中承认政府机构的自身利益？承不承认政府机构是社会多元利益主体中的一个特殊主体？若不承认，现有的理论能否反映政府

① 喻中：《政府的“经济人”角色评析》，《桂海论丛》2004年第5期。

行政实践？若承认，现行法律又如何限制或界定政府机构的自身利益？这些问题不解决，对政府公信力的评价也就会莫衷一是，或者只是纸上谈兵而已。

实际上，一个政府只要存在的时间稍稍长一些，都会或迟或早或多或少地改变其“公共服务”的性质，而将自身的生存与利益作为重要目的和主要目标。关键是怎么有效地遏制它的自利行政行为，并进而调整它与公共利益之间的不可避免的冲突，使其担负起维护、实现、发展公共利益的切实责任。如果政府一个劲地为着自利行政，而把公益抛到九霄云外，那就无公信力可言了。

四 政府对公信是否体现充分的诚实

政府的公信力是公众对政府的信任程度，如果政府不诚信，而又要公众信任政府，只能是“强奸”民意。因为政府与公众关系是不平等的，政府只有具备公信力才能保证民众对信息的了解权和选择权，才能赢得民众的信任，取得合法资格。同时，政府信用也没有选择性，民众只能被动接受，因此，政府一旦失信，对社会的破坏力极大。

从现代伦理学的角度看，与“诚”字相对，单纯的“信”重心在人，强调关心自己的言行对他人的影响，关心他人因此将对自己所持的态度。有的学者则认为，相对于把传达信息与自己的思想相符叫作诚或真诚而言，传达信息与自己的行动相符叫作信、守信；与自己的思想不相符叫作撒谎，与自己的行动不相符叫作失信。所以，政府能否取得公众的信任，也是衡量政府公信力的一个必要标准。然而，取得社会公众的信任，既可以通过诚实的方法，也可以采用美丽的谎言和欺骗的伎俩。尤其是社会相对隔绝和封闭，没有公开和自由的舆论，社会政治素质相对低下的情况下，谎言和欺骗往往成为虚伪的政客们骗取民众信任的惯用手段。希特勒政府获取的公信力就是一个例证；美国政府攻打伊拉克的理由，也是采用蒙蔽和欺骗的策略而骗取了公众的信任。所以，对于政府来说，单纯地使人"信"并不足以构成其优秀品质，不足以表明政府是道德的，而用"诚"来约束"信"则显得更为重要。只有出于真诚的动机，采取诚实的方法，做出忠诚的行动，以公共服务的突出成绩，不断取得公众的信任，这样的政府才能配冠"诚信"二字。

说到谎言，尽管在康德看来，人类是必须拒绝一切谎言的，但人们还是将其分为善意的谎言和恶意的谎言。当然，所谓善意的谎言，也不是从谎言本身而言的，因为谎言对人类有着普遍的伤害。"我们要注意和赞美的只是他人在这一行动中表现的深厚的恻隐和仁慈之情，而不是说谎本身，这一说谎只是被我们原谅，被我们允许。"[①] 但政府却不可以单方面对公众说谎，这是由政府与公众的关系决定的，因为二者之间是服务与被服务的关系，对于任何事物的知情权，从根本上说都是属于公众的，政府只是公众的托管者，它不具备对公众说谎的资格。

第三节　当代中国政府公信力建设困境：绩效视角的解析

当代中国政府公信力在建设过程中面临着不少的困

① 何怀宏：《良心论》，上海三联书店 1998 年版，第 154 页。

境，从绩效视角的解析主要体现在以下几个方面：一是政治生态损害引起的政府绩效低下，从而导致的政府公信力建设困境；二是信息非对称引起的政府绩效低下，而导致的政府公信力流失；三是政府公信力治理结构的不完善引起的政府绩效低下，而导致的政府公信力建设困境。当代中国政府公信力建设困境的绩效解析，有利于下一阶段从政府绩效评估战略着手提升政府公信力的建设。

一 政府公信力建设所处的政治生态遭到损害

政治生态是从政治与生态结合的角度阐明的政治思维，这种政治思维，把政治—社会—自然看作一个环环相扣、联系紧密的巨型系统，自觉地把政治放到一个包括社会环境和自然环境在内的广阔大背景中，对其理论和行为的正负效应进行多重的、宏观的考察。[①] 政治生态分析是一种对政治本身的整体生态与局部生态、内部生态与外部生态分析相结合的研究方法。它的优越性在于把每一个政治因子看成是政治整体的组成部分，使政治活动的开展能从宏观的、全局的角度出发，避免从个体出发所带来的片面性与局限性。现阶段，我国政府公信力建设所处的政治生态损害主要体现在以下几方面。

（一）利益分配失调破坏了政府公信力

一是利益分配失调破坏了政府的形象与权威。利益分化主要表现为收入差距扩大。目前，我国居民之间的经济收入差距明显拉大。北京师范大学收入分配与贫困研究中心主任李实从20世纪80年代起参与了4次大型居民收入

① 刘京希：《生态政治论》，《学习与探索》1995年第3期。

调查。他说，收入最高10%人群和收入最低10%人群的收入差距，已从1988年的7.3倍上升到2007年的23倍。[①] 根据国家统计局公布数据，2013年中国基尼系数为0.473，[②] 破了国际社会认同的0.4的警戒线，高于0.44的全球平均水平。利益分配的焦点在于分配不公，在改革的进一步深化过程中，权力介入市场，破坏了市场的游戏规则和秩序，进一步加剧了利益分配不公，已经危及基本公平，影响百姓幸福，更加损害了政府的形象和权威。

二是利益分配失调带来许多严重的社会问题。利益分配问题不仅是经济问题，还是一个社会政治问题。民众失衡的社会心理又没有有效的表达和解决机制，使得一些利益分配受损的社会成员和群体超越法律界限，以不合理或非法的行为表达利益诉求，发生群体性事件，影响到社会的安定局面。

三是利益需求多样性和复杂性增加了政府管理的难度。不同的利益群体代表着不同的利益诉求和价值偏好，农业劳动者阶层、产业工人阶层、国家与社会管理者阶层等之间就具有差别。但由于目前我国政府管理活动中存在一系列不完善的因素使政府管理难以充分地、有效地协调利益群体关系，于是政策难以兼顾多方面利益，在政策的实施运行过程中无法得以贯彻落实并达成目标。

（二）政治权力异化损害了政府公信力

政治权力异化在现实政治生活中的表现有几个方面的

① 新华社调研小分队：《我国贫富差距正在逼近社会容忍“红线”》，《经济参考报》2010年5月10日。

② 国家统计局：《2013年全国居民收入基尼系数为0.473》，http://www.chinanews.com/gn/2014/01—20/5754910.shtml。

特点。

一是追逐权力。在一部分人眼中政治权力是他们追名逐利的工具，追逐权力成为他们政治活动的目的。因此，政府机构中领导职位成了抢手的香饽饽，成为不能轻易触动的利益，政府机构想方设法地增加领导职位或者保住领导职位不减少。因此，某个部门出现一个正职、十几个副职的情况屡见不鲜。从 2010 年 1 月开始，南昌市启动“大部制”改革，南昌市市政公用局、市容环境管理局、城市管理行政执法局 3 个部门被撤销，新成立南昌市城市管理委员会，对外挂市城市管理行政执法局的牌子。根据南昌市政府发布的文件，该局包括正副局长 15 人，还有 2 名调研员和 4 名副调研员。① 领导何其多呀！

二是权力滥用。在政治权力行使过程中，由于还缺乏有效的监督和约束机制，使由于权力滥用所引发的腐败现象在一定范围和一定程度上还将存在。例如，辽宁抚顺国土资源局顺城分局原局长罗亚平，被称为“三最女贪”（级别最低、数额最大、手段最恶劣）和抚顺“土地奶奶”。其涉嫌贪污、受贿 3000 余万元人民币，另有 2800 余万元人民币、69 万余美元财产不能说明合法来源。此外她在单位设立小金库，掌控赃款达 1.45 亿。② 2014 年 11 月 7 日上午，河北省召开落实中央巡视组反馈意见整改动员暨警示教育大会，会上通报秦皇岛市北戴河区供水总公司总经理马超群涉嫌受贿、贪污、挪用公款，在其家中搜

① 何柳斌：《江西南昌市城管设 15 个副局长引争议》，http：//www.chinanews.com.cn/df/2010/08—23/2485388.shtml。

② 《“女文强”创下三最财色兼收 令中纪委大开眼界》，http：//news.sohu.com/20100822/n274388761.shtml。

出现金约1.2亿元人民币，黄金37公斤，房产手续68套。这些可还只是正科级干部！腐败给国家带来了巨大损失，给政府公信力抹上了更多的不光彩。

三是权力寻租。权力寻租是指握有公权者以权力为筹码谋求获取非法利益的活动，他们把权力商品化，进行权物交易、权钱交易、权权交易、权色交易，等等。江西国土系统在2009年以来的一年多时间里共有13名领导干部被检察机关立案查处，其中4名在职副厅长3人落马……透过这一“腐败群案”凸显出了土地和矿产稀缺资源背后巨大的“权力寻租”空间。[①] 2014年以来，深圳海关已有23人落马，800名干部的工作岗位被进行了调整。其中沙头角海关旅检四科办公室有15名关员，目前检察机关已陆续对该科8名关员进行立案调查，其余关员是否涉案仍在调查中。参与关员与走私分子内外勾结，共同打造了按次收费、明码标价、“管理科学”“按岗分赃”、“严明”管理、利益分明、建立清单、定期结账的一条腐败链条。[②]

（三）政府执行力弱化降低了政府公信力

政府执行力是各级政府贯彻执行党的路线、方针、政策和国家法律法规的能力以及落实上级政府和本级政府重大决策的能力。随着政府执行力建设被正式纳入国家治理范畴，现已日渐成为各级政府加强自身建设的一个重要议题。但目前政府执行力有弱化倾向，表现为政府在执行活

① 胡锦武：《土地官员贪腐 开发商“排队送礼”——江西国土系统“腐败群案”的警示》，《中国青年报》2010年6月21日。

② 赵瑞希：《“集体沦陷”“按岗分赃”：海关“守门人”怎成“放水人”？——深圳沙头角海关现惊人腐败窝案》，http：//news.xinhuanet.com/legal/2014—11/17/c_1113283599.htm。

动中的应付执行、选择执行、放任执行、消极执行、拒不执行等，出现了中央的路线、方针、政策和国家的法律法规执行不力、政令不畅的情况。政府执行力离上级的要求和人民群众的期望，都还存在较大的差距。例如，政府在整顿房地产业方面的作为成效并不明显。2003 年国家就明确表态“支持央行降温房地产”，房价不但没降，反而在涨；2004 年国家再推“调控房地产市场八项措施”，房价依然没降，还是在涨；2005 年国家提出“继续解决部分城市房价上涨过快问题”，房价继续涨。一直到 2009 年国家出台政策“遏制部分城市房价过快上涨的势头”，人们以为这次真的要降了，但房价还是没降，依然在涨。2010 年到 2012 年，国家对房地产市场也下发了“坚决遏制部分城市房价过快上涨”的内容文件，随之出台了一系列政策来遏制房价。然而根据各大城市房地产交易的数据显示，房地产价格并没有明显下降，交易市场进入了观望期。

二　基于信息非对称视角的政府公信力流失[①]

由于政府具有信息非对称的优势，加上政府行政行为的垄断性，使政府天生就具有了对民众信息垄断的特质。有西方学者认为，在计划色彩较浓的国家中，财政结构是一种制度手段，普通民众在这种结构中缺乏财政选择权，社会的决策制定者可以强制地从民众那里获得资金，为其所希望得到的物品及劳务提供经费。在这种情况下，政府

① 潘小刚、杨畅：《基于信息非对称的政府信用流失和行政成本研究》，《湖南行政学院学报》2006 年第 1 期，人大复印资料《公共行政》2006 年第 6 期全文转载。

在尽可能的范围内试图制造财政幻觉，这些幻觉使纳税人认为他们所要交纳的税务低于他们实际该承担的成本，以模糊个人与政府劳务总成本的份额，政府的这种信息垄断使政府财政无法反映民众偏好。① 布坎南认为即使在民主政治条件下，如果民众没有掌握足够的关于财政备选方案的信息，同样会受到财政幻觉的影响，民众对备选方案的概念也是错误的。② 因此，政府在提供公共服务和进行公共物品生产时，总是把相关信息抽象化，以政府总体成本的形式笼统地反映给社会民众，使民众所享受到的公共服务和对公共物品的需求被严重扭曲或远远高于其真实成本。政府利用其与民众之间的信息非对称性，实现对民众的信息垄断，无端地增加了民众的负担，损害了民众的切身利益。

（一）政府信息失真：政府公信力在民众心中的流失

随着市场化改革的逐步深入和多元化利益格局的形成，政府部门具有越来越多的自身利益；并且政府部门具有追求利益最大化的本能。由于机会主义行为的诱惑，政府存在为了自身利益用失真的信息置民众利益于不顾的现象。正因为如此，政府部门为了能获得更多的资源，通过有意识地隐瞒、篡改各种信息，达到掩盖事物真实性的目的，从而达到以较高的服务价格提供较差的服务质量、较少的服务内容的效果。而随着民众自觉意识、民主意识的增强，政府信息的失真将日益为民众所察觉和认知，从而

① 沈荣华、钟伟军：《信息非对称视角下我国地方政府的职能转变》，《中国行政管理》2002 年第 6 期。

② ［美］布坎南：《民主政治中的财政》，上海三联书店 1992 年版，第 152—154 页。

导致政府公信力在民众心中的流失。

政府是理性的，“经济人”理性使其在政策制定中谋求自身利益的最大化倾向；民众也是理性的，他们将随时根据政府政策来调整自己的策略，与政府展开博弈。民众只有认为政府具有公信力，并且在义务与权利相对平衡的前提下才会积极主动地与政府合作；否则，民众将会怀疑政府权力的合法性，并实行不合作的策略来维护自身利益。政府公信力在民众心目中的流失，严重地损害了政府与民众之间良性的互动关系和互动机制，这必然导致作为政府权威赋予者的民众对政府权力的合法性产生疑问，从而将大大降低政府在民众心目中的权威。政府权威的降低使得政府的行政行为往往难以得到民众的理解和主动配合，政府为了实现其预定行政目标只能通过各种强制手段，运用强制行政方式，这必将耗费极大的人力、物力、财力。强制行政方式的困境，使政府势必不断扩充机构和人员，导致政府规模的扩大，并大量增加行政预算。一方面，政府为了解决由于机构人员膨胀带来的财政困难，大大提高政府的行政预算规模，这实际就是政府对社会财富的一种强制汲取。美国公共选择学派学者戴维·奥斯本等在《改造政府》一书中指出：“官僚和官僚机构感兴趣的是争取更多的经费和更大的权力。”另一方面，现行财政预算体制存在的诸多的不完善，使政府的行政成本居高不下。强制行政方式巨大的人力、物力、财力支出往往造成政府无力提供最基本的政府公共服务，使民众利益受到更大侵害，反过来必然又会进一步加剧政府公信力的流失。

（二）政府信息“超载”：政府公信力自身承担能力的流失

计划经济时代的全能政府需要独自承担全社会的信用

责任，在当时的历史背景下，虽然巨大的信用责任与政府的实际信用能力之间存在相当大的差距，但我们还是集中有限资源保障政府的信用。而在市场经济时代，作为“掌舵者”的政府已经不需要独自承担全社会的信用责任了，各种组织、社会团体等分担了信用责任。但政府为了各种利益和资源不从手中消失，利用对信息的垄断，把各种信息扣留在自己手中，以信息资源的控制权进行利益寻租。因此，随着巨大的信息量的产生，政府日益面对信息“超载”的困境。政府需要花费大量的人力和物力来收集和处理各种信息，这种信息“超载”的无限性与政府自身承担信用能力的人力、物力资源等的有限性发生矛盾，使政府可能更多地在实现自身利益的过程中耗费了大量的能量，而能量不足或已没有能量去承担自身应尽的政府公信力。

政府公信力承担能力的流失，严重地妨碍了政府在进行管理活动时信用的保障能力。政府需要对社会进行宏观层面的监管和调控，但是政府不可能对各项事务都进行事无巨细的管理。一方面，政府不顾公信力承担能力对各项事务进行管理必将大大地提高行政成本，这却符合政府追求预算最大化的本能；另一方面，超出政府公信力承担能力之外的行政活动，将会增加政府的隐性行政成本。例如我国自 2011 年启动农村义务教育学生营养改善计划，2014 年这项拨款已达到 162 亿元之多，旨在为农村中小学生提供营养膳食补助。这项惠及众多贫困农村学子的民生工程，在不少地方却频曝乱象。在青海，有的学校用补助款采购火腿肠、萨其马等零食；在云南，有的学校直接给学生发两元钱或者供应发霉面包了事；广西都安小学生喝“营养餐”牛奶腹泻……[①]这些给政府部门带来了不小的负面影响，违背了好心办好事的初衷。政府做好营养改善工程，不是要政府亲力亲为时刻盯着营养餐的发放，而是集中精力抓好市场经营环境这个最大的诚信，并且建立好发挥社会组织参与作用的机制，尽量避免“营养改善工程”中可能出现的寻租和成本耗费，从而降低政府行政成本风险。

三　政府公信力治理结构的不完善

对治理的关注，是随着全球化进程的发展和新公共管理不能有效解释当代公共决策的更加复杂和动态的过程而不断向前的。当前政府公信力的建设也离不开对其治理结构的分析，目前政府公信力治理结构的不完善影响了政府绩效的提升。

（一）政府职能转变不到位

政府职能转变滞后。由于没有很好地履行政府职能，一些地方政府还是管了一些不该管、管不了也管不好的事，同时，政府忘记了服务是政府的一项重要职能。体现在政府的具体工作之中，不少人是重管理、轻服务，致使政府无法做到全心全意为人民服务。正如2010年国务院政府工作报告中指出的：“职能转变不到位，对微观经济干预过多，社会管理和公共服务比较薄弱；一些工作人员依法行政意识不强；一些领导干部脱离群众、脱离实际，

① 金毅：《学生免费午餐问题屡现——变了味的营养餐》，《浙江日报》2013年7月18日。

形式主义、官僚主义严重。”① 这样就造成了，一方面，民众对公共服务和公共产品的需求不断上升，对政府的期望值不断提高；另一方面，政府职能尚未及时转变，抓住权力不放，导致人民群众对政府公信力的主观评价降低。在2013 年国务院政府工作报告中再次强调：“政府职能转变不到位，一些领域腐败现象易发多发。”② 2014 年 8 月 27 日，国务委员兼国务院秘书长杨晶在《国务院关于深化行政审批制度改革加快政府职能转变工作情况的报告》中指出“政府职能越位、缺位、不到位问题依然突出，不该管的管得过多，一些该管的又没有管好，管理服务能力较弱，行政效能不够高”③，这也将在很大程度上降低政府公信力水平。

（二）政府与民众之间的合作互动不够

政府与民众之间的合作与互动关系的良性程度如何，是政府公信力建设成败的关键影响因素。因为，政府公信力建设最关键的就是民众对政府的信任度和满意度。当前，政府与民众之间的良性合作互动不够引起了政府公信力建设困境。一是民众的监督权未充分发挥。在一个民主社会中，政府必须服从民众的政治监督，但从目前来看，在公共产品生产缺乏竞争的情况下，缺乏有效信息支撑的民众监督将是无力的。因此，政府在缺乏有力监督的前提下，其政策和行为或直接或间接地异化成了对自身利益的

① 温家宝：《2010 年政府工作报告》，第十一届全国人民代表大会第三次会议，《人民日报》2010 年 3 月 5 日。

② 温家宝：《政府工作报告》2013 年 3 月 5 日在第十二届全国人民代表大会第一次会议上，《人民日报》2013 年 3 月 19 日。

③ 中国人大网，http：//www. npc. gov. cn/npc/xinwen/2014 - 08/28/content_ 1875923. html。

优先追求，而不是体现真正的公共利益，导致“政府失败”。

二是政府与民众之间未建立充足有效的交流平台。政府与民众之间的交流平台是处理好两者关系的重要桥梁和纽带，平台搭建得好不好，平台运用得好不好，影响着两者关系的好不好。但从目前的现实来看，交流平台建设并不令人满意，存在诸多的问题，包括咨询投诉、在线访谈和意见征集等传统方式在内的互动保障机制仍不够完善，咨询回复时间较长、答复推诿或语焉不详、态度粗暴不负责任等现象屡屡出现，严重影响了政府的公信力和权威性。[①] 交流平台建设不理想体现在以下几个方面：第一，网络平台建设仍不足。虽然说政府部门基本建立了自己的网站平台和规划了相关的网络交流机制，但实际中“老站”“死站”仍不少，网络意见邮箱形同虚设等。第二，政府意见热线经常空号或打不通。海南省卫生厅 36 个应急电话中竟有 13 个无人接听；重庆公布的各区县领导电话多数无人接听；昆明抽查 859 部领导电话 74 部无人接听；哈尔滨市人民政府门户网站提供的 17 个劳动和社会保障局联系电话，9 个为空号，3 个为广告公司等其他单位，4 个无人接听……当然，没有哪个部门是“故意”空号的，各有各的理由来说明情况。然而，再充足的理由都是苍白无力的，都不足以解释政府的缺位和失职。[②] 第三，听证会就是涨价会。听证会本来是政府与民众之间交流的

---

① 《2013 年中国政府网站绩效评估总报告》，http://2013wzpg.cstc.org.cn/jxpg2013/zbg/zbglist.html。

② 郭立场：《政务电话空号折射政府责任淡化》，《燕赵都市报》2010 年 2 月 27 日。

一个很好的直接接触平台，但目前的状况是听证会就是涨价会。出台一个规定、一项措施搞行政听证会，然而听取意见往往只是一个“形式”，代表发言常常被当成“废话”。因此，有人认为听证会其实就是“涨价会”，只是涨多还是涨少，一次涨还是多次涨的差别。

（三）党组织、人大、政协、民间组织的整合监督仍不到位

党的组织、人大、政协是我国政治体制中的一大特色，我们需要充分发挥这一大特色的监督作用，但目前仍做得不够。一是党的监督监管不够，要更好地强化对政府权力的控制、监督和调节。特别是广大党员都是民众的一部分，要充分发挥他们的先进带头作用，多反映民声，多维护民意。二是人民代表大会、政协的功能需强化。人大是政府与民众社会之间的一座桥梁，需要更好地发挥整合民意、监督政府的功能。政协需要更好地发挥政治协商和民主监督的作用，但现实中人大、政协的作用往往流于形式，因此充分发挥人大、政协的作用，对政府与民众两者关系的整合与改善将起到巨大的推动作用。三是我国的民间组织对政府依赖性太强，政府的主导使其很难充分发挥应有的作用。在我国，民间组织成长的土壤严重不足，长期以来国家权力渗透与控制着社会直至基层，这使得作为社会利益以及力量的非营利组织不得不依靠政府来获得政治合法性，从而处于“半官半民”的尴尬地位。[①] 当下对社会组织独立性的过度推崇更多的是一种理想化的“迷

① 熊跃根：《转型经济国家中的“第三部门”发展：对中国现实的解释》，《社会学研究》2001 年第 1 期。

思”。从现实视角来看，社会组织所呈现出的“依附式自主”还将在较长时期内存续，而其未来发展的方向取决于各个场域内何种制度逻辑将占据主导地位。[①] 我们需要提高其自治与自律能力，在法律约束范围内建立政府与其相互协作的互动关系。

① 王诗宗、宋程成：《独立抑或自主：中国社会组织特征问题重思》，《中国社会科学》2013 年第 5 期。

第四章　政府绩效评估战略与当代中国政府公信力建设的契合

政府绩效评估是对政府在履行其民众委托的公共管理、公共服务职能过程中目标实现的程度及其综合效益的输出状态和水平的考核。作为一种重要的政府管理工具和驱动力，政府绩效评估是改善政府绩效、提高政府服务质量的便捷手段，也是政府创新其管理体制的有效途径。[①] 政府公信力是指政府依靠自身行为信用获取和提升社会公众对政府的信任度和满意度，增强政府对社会公众的影响力、号召力、凝聚力，从而推动政府职责履行绩效提高的能力。在价值取向、理论逻辑和实践运作上，政府绩效评估和政府公信力建设存在密切的联系与一致，这种契合为我们基于政府绩效评估战略探讨当代中国政府公信力建设奠定了前提。

---

① 孙迎春：《政府绩效评估的理论发展与实践探索》，《中国行政管理》2009 年第 9 期。

第一节 价值取向契合：民众为本、责任政府与工具理性的有机统一[①]

价值取向是理性层面的行为取向，[②]是政府管理与改革的深层结构。价值取向作为理性层面的行为取向，它一旦内化为行为主体的思想观念和行为准则就可以支撑和引导主体的行为。从价值取向的层面分析和把握政府绩效评估和政府公信力的契合，就是要把握二者在深层结构上的密切联系，为基于政府绩效评估战略的当代中国政府公信力建设找准价值基点。

一 坚持民众为本

“民众为本”是当代政府管理的新理念之一，又称为“以民众为中心”，它回答政府的一切管理活动“到底为了谁”的问题，涉及政府管理的终极目标和根本价值选择[③]，是政府管理和改革的根本价值取向。民众为本作为政府管理与改革的根本价值取向包括三个方面的基本内容：（1）一切政府管理与改革的出发点必须是最大化全体民众的共同利益，也即公共利益，并且公共利益的认定不能是政府单方面认定，而须经民众广泛讨论与参与；（2）一切政府管理与改革的举措和过程必须与公共利益最

① 杨畅、王前：《政府绩效评估与当代中国政府公信力建设的价值与逻辑契合》，《伦理学研究》2011年第2期，本书中稍作改动。

② 彭国甫：《价值取向是地方政府绩效评估的深层结构》，《中国行政管理》2004年第7期。

③ 周志忍：《政府管理的行与知》，北京大学出版社2008年版，第32页。

大化的要求保持一致，必须符合规范、高效、透明和公正等价值标准；（3）一切政府管理与改革其结果必须是维护和增益公共利益而不是破坏和减损公共利益，对结果的评价必须以民众为主体。[①] 我国作为一个社会主义国家，全心全意为人民服务即是党的根本宗旨，也是政府一切管理活动的价值皈依，坚持民众为本同样也是政府绩效评估与政府公信力建设的根本价值取向。

在现代政治系统中，“公众与政府间存在着一种事实上的委托代理关系”[②]。公众是公共权力的终极所有者，政府是国内公共权力的唯一合法的代理人，而正式的宪政安排和各项行政法律法规与非正式的政治习俗和惯例构成了公众与政府间委托代理关系显性和隐性的激励与约束机制。自民主政治成为人类共同的价值追求以来，构建一种和谐有效的激励与约束机制，使政府真正成为公众利益的代言人和维护者，也即成为公共利益的忠实代理人，就成了政治思想家和政治改革家所苦苦思索和追求的共同目标，所有的政治体制改革和行政体制改革也都可以视为追求这一共同目标所做的尝试和努力。[③] 作为一种被世界范围内的公共管理改革所推崇的管理工具和改革实践，政府绩效评估的兴起也是追求上述共同目标的一种努力。

---

① 周志忍教授将“民众为本”的价值取向归结为5个要素：（1）回应民众需求；（2）倾听民众的呼声；（3）民众选择权；（4）公共服务设计和提供过程中的民众参与；（5）部门绩效评价以民众为主体。参见周志忍《政府管理的行与知》，北京大学出版社2008年版，第36页。

② 王振海：《论政府的代理身份与代理行为》，《政治学》（人大复印资料）2005年第4期。

③ 王前、谭望：《政府绩效评估中的委托代理风险及其防范》，《前沿》2007年第5期。

政府绩效评估的目标是改善政府管理绩效，而能否达成这一目标，关键是确定科学的绩效目标，并据此设计科学的评估指标体系。因此，推行政府绩效评估必须回答两个基本问题：为什么而评估？以什么为依据确定绩效目标和设计评估指标？对这两个问题的回答就涉及政府绩效评估的根本价值取向问题。毫无疑问，政府作为民众的代理人，其所实施的一切管理行为和推行的一切改革，都必须是忠实地最大化广大民众的共同利益——公共利益。政府绩效评估作为政府管理改革和创新的重要工具与实践，也必须忠实地最大化公共利益，这是对"为什么而评估"问题的唯一回答。以什么为依据来确定政府管理和服务的绩效目标和设计评估指标体系呢？显然，答案是公共利益。那么什么样的政府管理和服务才符合公共利益呢？正如托克维尔所说："个人是本身利益的最好的和唯一的裁判者"，民众是政府行为结果的直接承受者和政府服务的直接消费者，他们对于政府的绩效最有发言权。[①] 因此，绩效目标的确定和评估指标的设计必须坚持以民众为本，须经民众广泛讨论与参与，并能有效反映广大民众真实的共同需求。

政府要提升自己的公信力，就必须获得和提升广大民众对政府的信任度和满意度。政府如何获得和提升广大民众对政府的信任度和满意度呢？归根到底，民众对政府的信任度和满意度取决于政府满足民众利益诉求的程度。这种利益诉求既包括政府所提供的公共产品和服务的数量和

---

① 王前、谭望：《政府绩效评估中的委托代理风险及其防范》，《前沿》2007年第5期。

质量，也包括提供过程的规范、公平和高效。因此，政府公信力建设的关键，就是要准确把握民众的利益需求，并规范、公平和高效地满足民众的需求。这就要求政府公信力建设，必须始终从民众利益的识别与满足出发，而不能从政府管理的便利出发，更不能从政府部门利益和行政人员个人利益出发，也即要始终坚持民众为本这一根本价值取向。

二　强调政府责任

根据现代政府理论，政府所行使的公共权力来源于民众的委托，政府在获得公共权力的同时，也就必须承担相应的责任，政府也只有真正履行和承担民众所赋予的责任时才是合法的政府，才能赢得民众的信任和支持。因此，政府在行使公共权力、进行公共管理和提供公共服务的过程中必须始终明确并积极履行自己的责任。同样，政府推行的公共管理改革也必须是有利于而不是有损于政府责任的履行。强调政府责任是当代政府管理改革和创新所必须坚持的重要价值取向。

与传统以规则和程序为导向的政府管理方式不同，政府绩效评估是一种以结果为导向的管理方式，其实质在于通过官僚制批判重建公共责任机制，满足社会公众日益增长的需求与期盼，以增进对政府的信任与信心。[①] 它强调政府应该向民众展示绩效水平，并为此承担责任，而不是仅仅遵守既有的各种规章和程序。因此，政府绩效评估的

① 刘春萍、徐露辉：《地方政府绩效评估与责任政府建设》，《社会科学战线》2007 年第 5 期。

运用，有助于传统规则至上的政府管理责任机制向绩效导向的政府管理责任机制的转变。[①] 政府绩效评估对政府责任的强调主要体现在两个方面：（1）它强调绩效评估的内容和侧重点必须严格围绕政府使命与法定职责。其中最重要的是绩效目标必须与组织使命保持高度一致，绩效评估指标必须与组织的任务高度相关。[②]（2）它强调绩效评估结果的运用必须有助于诊断政府管理中存在的问题，从而有助于推动政府管理绩效的改进，不能为了评估而评估，而必须为了检验政府责任的履行和推动政府责任的更好履行而评估。

政府公信力是对政府与民众间信任关系的一种反映，是政府权威的重要来源，也是政府管理改革的重要基础。政府公信力的基础归根到底就是政府满足民众期望与需求的能力，也即政府履行其法定责任的能力。政府公信力建设就是要巩固这种基础，就是要大力提高政府履行其法定责任的能力。因此强调政府责任是政府公信力建设的当然价值取向，这与政府绩效评估是深层契合的。

三　凸显工具理性

马克斯·韦伯将人的理性分为价值理性和工具理性。所谓价值理性，指的是："通过有意识地对一个特定的举止的——伦理的、美学的、宗教的或作其它任何阐释的——无条件的固有价值的纯粹信仰，不管是否取得成

① 王前、曾学清：《地方政府管理责任机制：反思与建构》，《云南行政学院学报》2010年第2期。

② 周志忍：《政府管理的行与知》，北京大学出版社2008年版，第255页。

就。”[①] 很明显，在韦伯看来，价值理性是一种建立在纯粹的价值信仰与价值关怀基础之上的理性，强调价值本身对于主体理性行为的重要性。工具理性则是指：“通过对外界事物的情况和其它人的举止的期待，并利用这种期待作为条件或者手段，以期实现自己合乎理性所争取和考虑的作为成果的目的。”[②] 工具理性是建立在技术、手段和方法的合目的性基础上的理性，强调技术、手段和方法对实现主体目标的价值。简单地说，工具理性是指人们在行动中表现出来的对实现目的、理想而起着重要作用的手段、工具、途径以及具体方法等格外重视的思维方式和态度。[③] 与价值理性相比，工具理性具有不同的取向和品格[④]，其基本特征就是要求人的行为必须是选择最有效的手段以实现既定目的的行为，或者说以手段的最优化作为理性的最高要求。[⑤] 作为一种思维态度和方法，工具理性尽管受到了大量的批判，但基于它有力地推动了现代工业与经济的发展的事实，在现代社会生活的各个领域，工具理性依然受到了极大的推崇。在公共管理领域，对工具理性的推崇形成了一场波及全球的新公共管理运动。这场新公共管理

① ［德］马克斯·韦伯：《经济与社会》（上卷），林荣远译，商务印书馆1998年版，第56页。

② 同上。

③ 哈斯塔娜：《工具理性与实用主义之辨》，《内蒙古师范大学学报》（哲学社会科学版）2005年第4期。

④ 张凤阳认为工具理性的典型特征包括：（1）抽象还原、定量计算的标准化逻辑；（2）预测和控制外部对象的基本旨趣；（3）追求最佳方案、最佳手段、最佳效率的有效性思维；（4）人类物质需求相对于其他需求的绝对优先性。哈斯塔娜则把工具理性的特征概括为：（1）精确性和系统化；（2）功利化和追求效益的最大化；（3）现实性和实用性；（4）独立性和进取性；（5）法制化和标准化。参见张凤阳《论工具理性的社会蔓延》，《江海学刊》1995年第5期；哈斯塔娜：《工具理性与实用主义之辨》，《内蒙古师范大学学报》（哲学社会科学版）2005年第4期。

⑤ 张康之：《公共行政：超越工具理性》，《浙江社会科学》2002年第7期。

运动以“管理主义”和“市场主义”为主要特征。政府绩效评估和政府公信力建设作为当代政府管理改革与创新的重要内容，也处处体现了对工具理性的推崇。

政府绩效评估作为新公共管理运动的一种主要的管理工具，是新公共管理运动推崇工具理性的重要体现。绩效评估在其引入公共部门的发展历程中以及现实效应上，都体现着一种工具理性和管理主义的倾向。[①] 首先，作为一种在企业管理中被证明行之有效的管理工具，绩效评估是被视为一种能强化政府管理责任，提高政府管理绩效的工具而引入政府管理的。其次，绩效评估坚持结果导向，强调通过分权给政府部门和管理者，运用绩效合同等管理工具来加强结果可预测性和可控制性。最后，绩效评估强调运用定量化指标体系来提高对政府管理与服务产出评价的精确性。这些无不体现了政府绩效评估对工具理性的推崇。

在全球化时代的背景下，民众对国家和政府的期待与信任水平都越来越低，这种趋势无论在发展中国家还是发达国家都表现得很明显。[②] 正是在这种背景下，政府公信力建设被各国政府提上了政府管理改革的日程。从政府公信力建设提出的背景来看，政府公信力建设是被作为一种改善民众对政府信任水平，提高政府合法性的重要手段和途径而提出的。这说明政府公信力建设的提出本身就是一种工具理性的体现。从政府公信力建设的途径来看，规范

① 卓越、赵蕾：《公共部门绩效管理：工具理性与价值理性的双导效应》，《兰州大学学报》（社会科学版）2006 年第 5 期。

② 冉冉：《提高政府公信力：第七届全球政府创新论坛综述》，《经济社会体制比较》2007 年第 5 期。

政府行为、提高政府绩效、强化政府责任和建立科学的政府公信力评估体系都被视为和作为提高政府公信力建设的重要途径，这也反映了当前政府公信力建设对工具理性的推崇。

第二节　理论逻辑契合：服务型政府理论、诚信政府理论与和谐社会理论之维[①]

从服务型政府理论、诚信政府理论与和谐社会理论的理论逻辑来看，政府绩效评估与政府公信力建设存在着内在的契合，这种契合为基于政府绩效评估的政府公信力建设提供了有利的理论支撑和引导。

一　服务型政府理论之维的契合

党的十七大报告明确提出了要“加快行政体制改革，建设服务型政府”，为中国政府行政管理体制改革确定了的目标。对于什么是服务型政府，如何建设服务型政府，理论界进行了广泛的讨论，为理解服务型政府的科学内涵和指导服务型政府建设提供了有力的理论支撑。在关于服务型政府的各种讨论中，施雪华教授对“服务型政府”这一新范畴作了比较全面准确的界定，中肯地分析了服务型政府的历史与现实条件。[②] 施雪华认为，所谓服务型政府，

① 杨畅、王前：《政府绩效评估与当代中国政府公信力建设的价值与逻辑契合》，《伦理学研究》2011 年第 2 期，本书中稍作改动。

② 此为中国行政管理学会副会长、秘书长高小平对施雪华《“服务型政府”的基本涵义、理论基础与建构条件》一文的评审意见。参见施雪华《“服务型政府”的基本涵义、理论基础与建构条件》，《社会科学》2010 年第 2 期。

是指在民众本位、社会本位理念指导下，在民主制度框架内，把服务作为社会治理价值体系核心和政府职能结构重心的一种政府模式或曰政府形态。[①]服务型政府以“后工业社会理论”、“政府职能结构重心位移理论”和“科学发展理论”为理论基础。[②]服务型政府的理论逻辑可以表述为：社会形态与政府形态有着高度的相关性，不同的社会形态要求不同的政府形态与之相适应。随着人类社会由农业社会向工业社会再向后工业社会的发展，人类的政府形态也经历了由统治型政府向管理型政府的转变。正由工业化向后工业化发展的发达国家正在由管理型政府向服务型政府转变，中国作为后发现代化国家，则由于现代化中融合了工业化和后工业化的内容，而一方面要完善管理型政府；另一方面也必须把服务型政府作为政府建设目标。衡量服务型政府建设的标准可以概括为三个，一是政府与民众之间是否成为一种真正的平等合作关系；二是政府职能结构中公共服务职能是否处于优势主导地位；三是是否建立了完善的民众参与机制，这种参与机制必须覆盖政府决策、行政执行和服务质量评价与问责的全过程。

从服务型政府的理论逻辑来看，政府公信力建设与服务型政府建设高度契合。第一，在服务型政府治理模式下，政府与民众的关系是一种平等合作关系，这种平等合

① 施雪华提出了理解“服务型政府”的四个要点：（1）服务型政府职能结构的重心在于社会服务；（2）服务型政府提倡民众参与，并健全民众参与机制；（3）服务型政府与民众之间存在平等、合作的新型互动关系；（4）服务型政府是对传统政府管理模式的根本性改变或曰超越。参见施雪华《“服务型政府”的基本涵义、理论基础与建构条件》，《社会科学》2010 年第 2 期。

② 施雪华：《“服务型政府”的基本涵义、理论基础与建构条件》，《社会科学》2010 年第 2 期。

作关系要建立在双方信任关系基础上，因为合作总是与信任联系在一起的，信任不仅能为合作双方提供心理资源，同时也会生成一种合作的秩序。政府和民众间这种信任关系从政府的角度来说就是政府公信力，也就是说服务型政府治理模式必须建立在政府公信力的基础之上。第二，在服务型政府的职能结构中，公共服务职能是占优势主导地位的职能，政府公信力的获得主要是建立在政府提供服务的过程能否得到民众的认同以及政府提供公共服务的质量能否满足民众的需要的基础上，因此，服务型政府的建设与政府公信力的建设是同一个进程的两个方面。

从服务型政府的理论逻辑来看，政府绩效评估与服务型政府建设同样也是高度契合的。第一，政府绩效评估有利于政府与民众间平等合作关系的形成。民众为本是政府绩效评估的核心价值取向，当这种价值取向内化为政府管理者的思想观念和行为准则，融入和转化为管理制度，体现到政府管理和服务过程中后，必然会提高政府管理绩效，从而改善政府和民众关系，增强二者间的信任关系，有利于政府与民众间平等合作关系的形成。第二，政府绩效评估可以成为助推政府职能重心向公共服务转移的重要工具。在政府绩效评估实践中，可以通过在绩效目标确定和绩效指标设计中突出公共服务职能的优势主导地位，形成一种激励竞争机制，助推服务型政府的建设。第三，政府绩效评估是重要的民众参与机制。从政府与民众的关系来说，政府绩效评估是向民众展示绩效水平，回应民众对政府绩效期待的一种手段和工具。只有在绩效标准确定、绩效指标设计和绩效评估实施过程建立畅通民众参与机制，才能确保政府展现的绩效能有效回应民众真正的期待，从而达成预期目标。

综上所述，从服务型政府理论的逻辑来看，政府绩效评估和政府公信力建设都是服务型政府建设的内在要求，政府公信力建设是服务型政府建设的重要基础，政府绩效评估则是服务型政府建设的重要工具与途径，二者可以辩证统一于服务型政府建设的全过程。

二 诚信政府理论之维的契合

政府诚信是以政府为诚信主体的诚信，它意味着政府作为行为者所采取的行为必须符合诚实守诺、公正公平等一系列诚信伦理规则要求。[①] 诚信政府是从价值理念、行为方式和制度安排都能符合政府诚信伦理规则要求的政府，是政府模式发展的理想形态。建设诚信政府就是要大力推动政府诚信的发展。

政府诚信是诚信政府的核心表征，是政府公信力的基础和源泉。政府诚信和政府信任关系密切。政府信任是指公众在期望与认知之间对政府运作的一种归属心理和评价态度。[②] 政府信任本质上是民众基于对政府评价形成的信任心理，这种评价的内容包括政府能力、诚信度和政府绩效。政府诚信与政府信任存在着因果关系，政府诚信是政府信任的前提和基础，政府信任是政府诚信的结果。政府公信力指政府依靠自身行为信用获取和提升社会公众对政府的信任度和满意度，增强政府对社会公众的影响力、号

① 陈丽君、张存如：《政府诚信：政府公信力的源泉和基础——西方政府诚信研究及其启示》，《中共宁波市委党校学报》2008 年第 3 期。

② 李砚忠：《政府信任：一个值得关注的政治学问题》，《中国党政干部论坛》2007 年第 4 期。

召力、凝聚力，从而推动政府职责履行绩效提高的能力。由此可见，政府诚信是政府信任的基础和前提，同样也是政府公信力的基础和源泉，没有诚信的政府，就没有政府公信力可言。政府公信力建设和诚信政府建设是相互促进，并行不悖的两个过程。

政府绩效评估是诚信政府建设的重要工具。诚信政府是一种政府模式发展的理想形态，要推动现实中的政府向这一理想形态的政府模式的发展，须有一定的方式和途径。政府绩效评估作为一种重要的政府管理工具，其有效运用可以有效促进诚信政府的建设。首先，政府绩效评估可以通过明确绩效标准和绩效指标强化政府部门兑现其承诺的动力。没有明确的绩效标准和绩效指标，问责依据就变得模糊，辩解和推搪的空间就很大，政府部门兑现其承诺的动力也就大打折扣。其次，政府绩效评估通过向民众展现绩效水平，有助于民众了解、监督和参与政府管理，可以强化政府和民众的有效互动，从而提高民众对政府的信任水平，促进诚信政府的建设。此外，通过政府绩效评估可以诊断政府管理问题，推动政府管理绩效的改善，从而提高民众对政府的评价水平，有助于诚信政府的建设。

综上所述，政府诚信是政府公信力的基础与源泉，建设诚信政府必然要求加大提升政府诚信，加大政府公信力建设。政府绩效评估是提升政府公信力和建设诚信政府的重要工具与途径。

三　和谐社会理论之维的契合

社会主义和谐社会是新时期中国共产党提出的社会发展的宏伟蓝图。它使我国社会主义现代化建设的总体布局，由发展社会主义市场经济、社会主义民主政治和社会主义先进文化“三位一体”，扩展为包括社会主义和谐社会建设在内的“四位一体”。[①] 建设社会主义和谐社会是未来很长一段时间内党和政府工作的重点。作为一个社会主义市场经济国家，政府在经济社会发展中的作用不可小觑，建设社会主义和谐社会需要政府站在战略的高度，以科学发展为指导，统筹兼顾，充分调动和整合社会各界的力量来实现这一宏伟蓝图。社会主义和谐社会建设的内在逻辑要求政府加快改革的力度，开展政府绩效评估，推进政府公信力建设。

政府公信力是和谐社会的基本组成要素。走向和谐社会的历史进程取决于政府，只有政府认识到自己引导社会全面发展的责任，并主动担负起这种引导职能的时候，才能使社会走上总体化的道路、达到和谐的境界。[②] 政府要承担起引导社会向和谐社会发展的使命并不是没有条件，最基本的条件就是政府必须是有公信力的政府。一个政府要想有公信力，首先，在公共权力运作过程上要能体现服务于公共利益的宗旨，遵循透明、高效和公正的原则；其次，在公共权力运作结果上要能满足民众的切实需要，唯有如此，才能获得广大民众的信任，才能增强对民众的影响力、号召力、凝聚力，从而提高自身的公信力。

从政府的角度来说，建设和谐社会还必须寻找政府内部的动力，建立内部的动力机制。众所周知，崇尚规则和

① 李砚忠：《以“合作式治理”提高和谐社会建设中的政府信任》，《科学社会主义》2007年第2期。

② 程倩：《转型期对合作型政府信任关系的诉求——从服务型政府建设到和谐社会构建》，《探索》2007年第1期。

程序的传统政府管理方式容易导致繁文缛节、漠视民众需求和高成本低效率等问题。要克服传统政府管理方式中存在的这些问题，就必须引入竞争机制、责任机制和激励机制，使政府管理者“可以管理”“愿意管理”和“能够管理”。绩效评估作为一种管理工具引入政府管理恰恰可以起到在政府内部引入竞争机制、责任机制和激励机制的作用，从而可以为政府建立内部的动力机制。

综上所述，政府公信力建设是和谐社会建设的基础工程，绩效评估是政府的内部动力机制，通过绩效评估推动政府公信力建设有利于建设社会主义和谐社会。

第三节　实践运作契合:域外经验与中国实践

政府绩效评估和政府公信力建设的契合不仅体现在价值取向与理论逻辑上，从国外和国内的实践来看，二者也高度契合，相得益彰。

一　域外经验

政府公信力的下降是一个国际性的问题。法国学者多岗·马杰通过对在20多个西方多元化民主国家里进行的民意测验结果的分析，指出民众对西方多元民主国家的主要机构和组织越来越不信任。以美国为例，1966年有43%的美国人对联邦政府表示很信任，到1988年这种信任就下降到只有16%。[①] 事实上，伴随着20世纪70年代

① 转引自欧阳向旭《发达民主国家的信任危机》，《国外理论动态》2000年第3期。

初期的石油危机，西方国家政府普遍面临财政危机、管理危机和信任危机，政府公信力显著削弱。也正因为如此，从20世纪70年代开始，在西方世界兴起了一场旨在变革政府自身运作管理，降低成本，提高效率，提升民众满意度的新公共管理运动。因此，从某种意义上来说，新公共管理运动就是一场改革政府运作模式、拯救政府公信力的革命。在这场运动或者革命中，政府绩效评估扮演了关键性的角色。下面以英国和美国为例。

英国是新公共管理运动的重要发源地。自1979年撒切尔上台开始，为了应对财政危机、管理危机和政府信任危机，英国政府掀起一场行政改革运动，基本上围绕三条主线进行：（1）调整、优化政府职能，力图做到管少管好；（2）推行公共服务市场化、社会化，弥补政府财力和服务能力的不足；（3）改革内部管理体制，提高公共机构的工作效率和服务质量。① 在这场行政改革运动中绩效评估发挥了重要作用。首先，通过雷纳效率评审，在保持既有公共服务质量的前提下，大幅度减少了不必要的开支。截至1986年年底，雷纳效率评审本身共支出500万英镑，但其所带来的直接经济效益高达95000万英镑。② 其次，部长信息管理系统作为一个融目标管理、绩效评估等现代管理方法为一体的信息收集与处理系统，在中央政府和地方政府得到了广泛应用，大大地提高了政府工作效率。③ 此外，以社会服务承诺制为主要内容的“民众宪章”运动，把民众作为公共服务机构的评估主体，加强了公共服

① 周志忍：《政府管理的行与知》，北京大学出版社2008年版，第137页。

② 同上书，第138页。

③ 同上书，第138—140页。

务机构之间的竞争，大大地提高了服务质量，提升了民众满意度。总结英国行政改革的经验，不难发现，绩效评估作为一种管理工具，可以以多种方式融入政府管理实践，为改善政府管理绩效和提高民众满意度作出贡献。

美国是新公共管理的主阵地。20 世纪 90 年代初期，美国政府由于管理效率低下、浪费严重、政策失败等原因导致空前的管理危机。资料显示，民众对政府的信心大大下降，政府公信力受到严重挑战，“只有 20% 的美国人相信联邦政府会做正确的事，而在 30 年前这一比例却是 76%”[①]。1993 年，克林顿总统上台后，为了重振民众对政府的信心，以“创造一个工作更好而花费更少的政府”为目标，全面启动政府改革。在这场政府改革运动中，政府绩效评估具有举足轻重的作用。1993 年 6 月，在克林顿的推动下，美国国会通过了《政府绩效与结果法案》，把绩效评估和财政预算通过法规的形式联系起来。同年，克林顿任命副总统戈尔领导国家绩效评估小组负责推动政府绩效改革方案。通过多年的努力，克林顿政府以国家绩效评估为主要内容的政府改革在节约政府开支、放松规制、提高效率和增强公众对政府的信心方面取得了较为明显的效果。[②] 有资料显示，截至 1998 年 3 月，也就是改革以后的约 5 年时间里，联邦政府共裁减公务员 351000 人，是自肯尼迪政府以来人数最少的政府，政府雇员占全部从业

① Core, Al. *Report of the National Performance Review* : *From Red Tape to Results – Creating a Government That Works Better&Costs Less* Washington : The U. S. Government Printing Office, 1993, p. 1.

② 陈天祥：《美国政府绩效评估的缘起和发展》，《武汉大学学报》（哲学社会科学版）2007 年第 2 期。

人员的比重则是自1931年以来最小的。1993年和1995年的两个报告共提出了1500条建议，其中58%被付诸实施，节约支出1370亿美元；共有1200个工作团队的改造受到了表彰，完成了350个政府再造创新试验；共废除640 000页过时的联邦政府规制条例，制定了31 000页简明的新条例，由于放松规制等为企业和社会减少支出310亿美元；570个联邦政府机构颁布了4000多个顾客服务标准。①改革以来的各种民意测验结果表明，公众对政府的信心在持续30年下降以后得到了提高。②

二 中国实践

为适应由计划经济体制向市场经济体制转变的需要，在西方国家政府绩效评估理论与实践的影响下，从20世纪90年代开始，中国各级政府为了推动经济社会发展增强政府公信力，在行政体制改革的框架内，开始探索以组织为对象的政府绩效评估。综合学界的归纳，中国各级政府绩效评估实践主要有目标责任制、社会服务承诺制、民众评议政府、第三方评估、党政管理绩效评估等几种主要形式。

目标责任制在我国始于20世纪80年代中期，是国际流行的“目标管理”（MBO）技术在我国的变通应用。目标管理包括组织目标的确立、目标的分解、目标进展状况的监测反馈、目标完成情况的考核评估等多个环节，而目

① 陈天祥：《美国政府绩效评估的缘起和发展》，《武汉大学学报》（哲学社会科学版）2007年第2期。

② National Partnership for Reinventing Government. *Who We Are: A Brief History*. Washington: The U. S. Government Printing Office, 1999, p. 6.

标完成情况的考核实际上就是绩效评估。[①] 由于我国政府普遍采取行政首长负责制，所以政府管理目标责任制也多采取“首长目标责任制”的形式。在实际运作中，一般由上级政府确定各种管理指标，如经济增长、招商引资、社会稳定等，并根据需要赋予各项指标不同的权重，再层层分解到下级政府和各职能部门，然后根据各项指标的完成情况来考核下级政府和职能部门的政绩。目标责任制的推行，使各级政府部门明确了工作的重点，并且在各个地方政府以及各个政府部门之间形成了一定的竞争，从而有效地推动了政府管理效率的提高，在一定程度上提升了政府基于经济发展政绩的公信力。但由于长期以来，在政府工作目标的确定和考核中，过度突出了 GDP 等经济指标，形成了 GDP 导向的政绩观，忽视了社会民生领域，也在相当程度上导致了政府公信力的流失。

于 1911 年英国的民众宪章运动，社会服务承诺制在中国则发端于烟台。20 世纪 90 年代，处于计划经济体制向市场经济体制转变的烟台，公共事业行业作风较差、办事效率低等问题日益显露，市民投诉居高不下，政府公信力受到严重影响，亟须寻找解决之策。1994 年 6 月，烟台建委系统决定借鉴国外经验，率先进行社会服务承诺制的尝试供水、供煤气、供热、房屋拆迁、公共交通等 10 个部门，均通过新闻媒体向社会公布了各自的社会服务承诺工作目标、服务内容、服务标准、投诉程序和投诉电话，并作出保证，达不到承诺将实行自罚并赔偿。几个月下

① 周志忍：《公共组织绩效评估：中国实践的回顾与反思》，《兰州大学学报》（社会科学版）2007 年第 1 期。

来，效果十分明显，市长公开电话中针对建委的投诉少了一半。[①] 鉴于烟台社会服务承诺制有效提高了机关办事效率，提高了公众满意度和政府公信力，1996 年 7 月，在总结烟台市社会服务承诺制经验的基础上，中宣部和国务院纠纷办决定在建设部、电力部等八部门推广社会服务承诺制。随后，社会服务承诺制在全国范围和多种行业普遍推开。[②] 社会服务承诺制作为早期以组织为对象的政府绩效评估形态，通过服务标准的具体化使公众对政府公共服务的监督和评价成为一种可能的现实操作，推动了政府公共服务效率的提高和质量的改善，也提高了政府公共服务的公众满意度，成为提升政府公信力的一种有效制度安排。

民众评议政府是一种“自下而上”的政府绩效评估模式，它以民众为主体对政府绩效进行评估，并将结果用于组织绩效的持续改进。[③] 民众评议政府使民众成为评估主体，打破了以往以政府为主体的评估模式，有利于强化政府组织的责任意识，增强政府行为的透明性，从而可以有效改善政府公众形象，提高政府公信力。正因为如此，公众评议政府的做法受到了众多地方政府的推崇。据不完全统计，我国地方政府开展的民众评议政府活动有：1998 年沈阳市的“市民评议政府”、1999 年珠海市的“万人评政府”、2000 年邯郸市的“市民评议政府及政府部门问卷调查”、2000 年广州市的“市民评政府形象”、2001 年南

---

① 腾讯网：《1996 年烟台社会服务承诺制经验全国推广》，http：//news. qq. com/a/20081031/000998. htm。

② 中国行政管理学会联合课题组：《关于政府机关工作效率标准的研究报告》，《中国行政管理》2003 年第 3 期。

③ 吴建南、庄秋爽：《“自下而上”评价政府绩效探索：“民众评议政府”的得失分析》，《理论与改革》2004 年第 5 期。

京市的“万人评价机关”、2003年北京市的“市民评议政府”、2004年江苏的“万人评议机关”、2004年邵阳的“政府工作群众评议活动”和2010年郑州的“网上评议政府部门”等。由此可见，民众评议政府已日益成为我国地方政府绩效评估的重要模式，成为地方政府强化自身责任，提高管理水平，改善政府形象，从而提升政府公信力的重要途径。

第三方评估是指专业评估机构受政府委托或者自发独立对政府绩效进行评估。我国政府绩效的第三方评估既有受政府委托的专业机构开展的政府绩效评估，也有科研机构独立开展的政府绩效评估。前者如2004年年底至2005年年初，兰州大学中国地方政府绩效评价中心受甘肃省人民政府的委托对全省所辖14个市（州）政府和省政府39个职能部门的绩效进行的绩效评估。[①] 2014年，广州零点市场调查公司受中山市人民政府办公室委托，采取向全市城乡居民进行电话访问、现场调查和网络调查的方式，于12月16—28日集中开展2014年度政府部门绩效和10件民生实事公众评价活动。[②] 后者如湘潭大学管理学院彭国甫教授课题组对湖南省11个地级市1995—2002年的公共事业管理绩效进行的评估，[③] 以及随后对北京、上海、重庆、哈尔滨、广州、成都、武汉、杭州、石家庄、苏州、西宁等11个有代表性的市级政府1995—2005年公共事业

① 包国宪、周云飞：《中国政府绩效评价：回顾与展望》，《科学学与科学技术管理》2010年第7期。

② 中山市人民政府办公室：《关于开展2014年度政府部门绩效和民生实事公众评价活动的通告》，http://www.zs.gov.cn/main/zwgk/newsview/index.action?id=156819。

③ 参见彭国甫《地方政府公共事业管理绩效评价研究》，湖南人民出版社2004年版。

管理绩效进行的评估。[①] 第三方评估由于其评估地位的专业性和独立性，往往能更加科学地评估政府绩效，诊断政府管理中存在的绩效问题，从而提出更加可行的绩效改善政策建议。从发展的趋势来看，第三方评估将在未来的政府绩效评估中发挥更重要的作用，将成为提高政府绩效，改善政府形象，提升政府公信力的主要途径。

党政管理绩效评估是湖南岳阳县在突破传统的政府绩效管理模式，结合地方政府党政管理实践所进行的一种绩效评估实践创新。岳阳县党政管理绩效评估将评估对象由省、市政府绩效评估确定的政务部门拓展到党委部门和乡镇、县直各单位，采取考、评、议相结合的办法，多角度、全方位地综合评价各单位的年度工作绩效。同时岳阳县党政管理绩效评估在评估结果的运用上本着奖优、治庸、罚劣的原则，把评估结果作为改进工作、考核单位领导干部政绩和工作人员业绩、行政问责和奖惩的重要依据，[②] 克服了以往政府绩效评估中的重评估而不重结果运用的不足。岳阳县通过党政绩效评估实践，改善了民生，推动了经济发展，转变了干部作风，提高了政府公信力。在党政管理绩效评估的推动下，岳阳县攻克了东洞庭湖渔民上岸定居和解困等三大历史遗留的重大民生问题，得到湖南省委的充分肯定。同时，岳阳县党政绩效评估实践也得到了公共管理学界的高度认同，在 2010 年 10 月 1 日全国政府绩效评估高层论坛上，岳阳党政管理绩效评估实践

① 彭国甫等：《地方政府公共事业管理的绩效评估与模式创新研究》，人民出版社 2010 年版。

② 中共岳阳县委、岳阳县人民政府：《关于开展党政管理绩效评估工作的意见（试行）》。

被概括为“岳阳模式”，得到了中国行政管理学会执行副会长兼秘书长、全国政府绩效管理研究会会长高小平研究员，全国政府绩效管理研究会副会长、兰州大学管理学院院长包国宪教授，全国政府绩效管理研究会副会长、厦门大学公共事务学院副院长卓越教授等国内著名政府绩效管理研究学者的高度评价。[①]

2011 年 6 月 10 日，国家监察部印发了《关于开展政府绩效管理试点工作的意见》，选择部分国务院部门和地方开展绩效管理工作试点。明确了试点工作分两个层面进行：第一层面是国务院部门，探索部门推行政府绩效管理的新路子，为此选择了在国土资源部、农业部、质检总局开展机关工作绩效管理试点；在国家发展和改革委员会、环境保护部和财政部分别开展节能减排政策落实情况和财政预算支出专项绩效管理试点。第二层面是地方政府，重点围绕建立健全领导体制和工作机制，完善绩效考评指标体系，创新评估手段，强化结果运用等进行实践探索，为提高地方政府绩效管理水平积累经验。为此选择了工作基础比较好的北京市、吉林省、福建省、广西壮族自治区、四川省、新疆维吾尔自治区以及杭州市、深圳市开展地方政府绩效管理试点。[②] 2013 年 11 月 29 日，福建省通过《福建省机关效能建设工作条例》，这是全国首部机关效能建设工作的地方性法规，明确各级机关应当实行绩效管理，建立健全绩效管理制度，规范绩效管理指标体系和考

---

① 《全国政府绩效管理高层论坛——岳阳县会场专家发言》，http：//www. yyx-jxgl. com。

② 蔡立辉、吴旭红、包国宪：《政府绩效管理理论及其实践研究》，《学术研究》2013 年第 5 期。

评方法，标志着福建省机关效能建设步入法制化轨道。同时，福建省在全国率先制定“地方标准项目”——《绩效管理工作规范》，建设政府绩效管理信息系统。

综上所述，政府绩效评估实践在中国政府的各个层面蓬勃发展，正成为政府管理改革与创新的一个亮点，也是中国政府改善自身绩效，提升政府公信力的重要途径。

第五章　当代中国政府公信力评估体系构建的系统分析

政府绩效评估和政府公信力建设的契合为当代中国政府公信力评估体系的建立提供了理论支撑和实践可能，而且只有构建当代中国政府公信力评估体系，政府绩效评估理论对于政府公信力建设的引导才能落到实处。本章描述了基于系统整合理论的政府公信力评估体系的系统功能，并从评估主体选择、评估指标体系设计、评估流程塑造三个方面提出了当代中国政府公信力评估体系的内容。

第一节　基于系统整合理论的政府公信力评估体系的系统功能

系统具有结构的层次性和功能的多样性特点。系统结构的层次性是指我们所关注的系统包括若干个子系统，或者是更大系统的一部分。系统功能的多样性是指系统一般都具有多种功能，或者说其功能具有多个分量。系统整合原理从系统层次性和功能多样性入手，反映系统整体功能和其子系统功能之间的关系，强调由各个子系统结合而生成的具有特定功能的有机整体的过程；或者是结合成一个有机整体之后各个子系统之间的相互关联状态，实现整体功能大于部分功能之和。政府绩效评估系统的构建要充分整合各个系统要素及子系统的功能，使评估系统成为一个有机整体。

一 评估主体选择对政府公信力评估的影响

绩效评估主体是评估的主导因素，因为绩效评估其他因素都必须通过主体来完成；主体设置科学与否，在很大程度上影响着政府绩效评估效果。[①] 国内外绩效评估制度实施的经验证明：评估约束要落到实处，发挥实效，必须有配置科学合理的绩效评估主体，既要求涵盖得力的评估领导机构去组织实施，又涵盖各类参与主体，否则，评估约束就会流于形式，达不到预期的目的。例如，全国已有多个省（区、市）设立了绩效管理或绩效评估领导机构和办事机构，省（区、市）的监察机关设立了行政效能监察专门工作机构。主要负责组织开展专项效能监察、受理行政效能投诉、推动行政权力规范运行、推行电子监察系统等工作，加大治庸治懒工作力度，在改进机关作风、提高行政效能、优化经济发展环境等方面发挥了重要作用。[②] 湖南省岳阳县为了将政府绩效评估工作落到实处，成立了岳阳县绩效评估领导小组，县委书记为组长，县委副书记、县长、人大常委会主任、政协主席、纪委书记等为副组长的领导小组。工作职责主要包括：“一、按照县委、

① 邱法宗、张霁星：《关于地方政府绩效评估主体系统构建的几个问题》，《中国行政管理》2007年第3期。

② 姜洁：《25个省设专门机构领导查干部作风 治庸治懒》，《人民日报》2011年1月6日。

县政府的部署要求，统筹规划、组织协调和指导全县绩效评估工作；二、审定乡镇和县直部门绩效计划、绩效目标和绩效报告；三、采取实地考察、专项督查、抽样检查等方式对全县各乡镇、县直各部门评估指标完成情况进行督查核实；四、组织县四大家领导及群众和服务对象对乡镇和县直部门的工作绩效进行综合评价，提出评估结果建议和改进工作的意见。”① 这大大地提高了绩效评估活动的成效。

究竟由谁来评估政府公信力绩效水平呢？这直接影响到政府公信力评估的客观性、准确性和权威性。要切实搞好我国地方政府公信力评估，就必须建立健全政府公信力评估主体体系。

二　评估指标体系设计对政府公信力评估的影响

评估指标体系是评估体系的核心内容，发挥着重要的实践作用，主要体现在以下几方面。

（一）反映政府公信力评估内容和绩效水平

反映政府公信力评估内容和绩效水平是政府公信力评估指标最基本、最核心的功能。政府公信力指标体系的建立有助于充分认识政府公信力这一评估客体的本质和内在联系。

评估任何客体，都是建立在对其本质的剖析、规律的认识、发展趋势的判断的基础上的。评估指标体系的设计正是在这个过程中逐步实现的，这一体系使人们能够全面地、客观地、科学地认识评估客体的本质和内在的联系，

① 《岳阳县绩效评估领导小组工作职责》，http：//www.yyxjxgl.com。

并反映在各项指标及相应的权重中。与此同时，每一项指标的提出及其相应赋予的权重系数，也是人们价值观念客观化、标准化的体现。政府公信力评估指标体系作为一种测量尺度的体系构成，一方面有利于客观地反映政府公信力的评估内容；另一方面有利于在测量标准统一的基础上获得与所测对象的实际情况较为一致的绩效水平结论，是政府公信力评估体系中最为重要的组成部分。

（二）监测政府工作诚信状态

社会指标概念的首倡者比德曼指出："随着社会向复杂化发展，直接经验在作为信息来源和判断之基础方面所发挥的作用越来越小了，与之相比，作为中介物的符号形式的信息所发挥的作用更大了。对于大量的信息必须加以整理，而且要重视其选择性、浓缩性、及时性和普遍性。大量的社会现象的指标，就是专为满足这些要求而产生的。"①政府管理活动涉及面广，工作量大，动态变化，纷繁复杂，政府工作诚信状态的体现也是较为复杂的，仅凭感官认识和经验分析是不够的。政府公信力评估指标设计遵循一定逻辑规律，在集中反映政府诚信行为的重要现象的同时，动态地反映了政府工作诚信状态。政府公信力评估指标是一种非常重要的"信号"，可以不断地向社会和公众发出告示——政府工作诚信状态正常抑或异常，可以维持原状抑或必须及时采取补救，从而充分地发挥监测政府工作诚信状态的功能。例如，政府透明度是反映政府诚信状态的重要指标，能够迅速地反映该领域的运行状态，

① ［美］比德曼：《社会指标与目标》，《社会指标》，美国麻省理工学院出版社1966年版，第97页。

起到“报警”的作用。从2009年开始，中国社会科学院法学研究所发布了《中国政府透明度年度报告》（2009）、（2010）、（2011）、（2012）、（2013）。该报告对国务院各部门、省级政府、较大的市（不包括民族自治地区较大的市），实施政府信息公开的情况进行了测评，分析了我国政府信息公开制度的实施状况。结果同时显示，一些政府门户网站履行政府信息公开条例规定的情况很不好，按照中国社会科学院设计的测评指标，在2011年发布的政府透明度报告中指出，自2008年5月《政府信息公开条例》施行以来，我国政府信息公开制度的建设不断完善，但是从其评测结果来看，满分100分，国务院59个部门仅有8个得分在60分以上，43个地方政府中也只有13个得分超过及格线。2014年发布的政府透明度报告指出，国务院55个部门仅有6个得分在60分以上，31家省级政府中只有7个省级政府得分超过及格线，49个地方政府中也只有9个得分超过及格线。

（三）改善政府公信力建设路径

政府公信力评估指标能够在政府政策、政府信息、政府执行、政府问责、政府公务员的个人诚信、群众的满意度、群众的认同度等方面为政府管理者提供有关诚信状态的各种有用信息。与组织拥有的其他信息所不同的是，政府公信力评估指标所反映的信息应该与提升政府公信力、建设诚信政府的目标体系密切相关，它可以直接反映各级政府实现自身公信力的努力方向和程度。通过对政府公信力评估指标的认识，政府可以清楚地了解到自己将通过怎样的路径选择改善政府公信力建设。

三　评估流程塑造对政府公信力评估的影响

政府公信力评估是一个循环的流动过程，是一个有计划、按步骤进行的活动，评估流程是否规范直接影响政府公信力评估的质量。

（一）提升政府公信力评估的规范化程度

程序正义，最早起源于古老的“自然公正”原则，在古罗马法“人不能裁判有关自己的诉讼”中就蕴含了裁判程序必须公正的内容。但程序正义被当作一种法治观念，最早是在13、14世纪英国的普通法中，当时叫作“自然主义”。而后，程序正义在美国取得前所未有的发展，被称为“正当法律程序”。美国公共生产力研究中心（National Center for Public Productivity）1997年发布的《地方政府绩效评估简要指南》（*A Brief Guide for Performance Measurement in Local Government*）中提出了实施绩效评估的7大步骤[①]：鉴别要评估的项目、陈述目的并界定所期望的结果、选择衡量标准或指标、设置业绩和结果（完成目标）的标准、监督结果、业绩报告、使用结果和业绩信息。彭国甫教授指出我国地方政府绩效评估的基本程序由前期准备、评估实施和结果运用3个步骤组成。[②] 塑造评估流程，保障程序正义，将有利于提升政府公信力评估的规范化程度。

（二）提升政府公信力评估的有效性程度

在政府管理活动中，程序的合法性和科学性是政府管

---

① 马克·霍哲：《公共部门业绩评估与改善》，张梦中译，《中国行政管理》2000年第3期。

② 彭国甫：《地方政府绩效评估程序的制度安排》，《新华文摘》2005年第8期。

理行为有效的重要保障。1989 年出台的《行政诉讼法》具有里程碑的意义，它将符合法定程序作为具体行政行为合法的三大条件之一，确立了行政程序违法则行政行为无效的原则。1996 年颁布实施的《行政处罚法》，规定了各项行政处罚程序制度，对于保障行政行为公正合理的进行，具有特别重要的意义。2003 年 8 月颁布的《行政许可法》，标志着我国行政程序规范化的整体水平再上一个新台阶。2008 年 10 月开始实施的我国第一个地方性行政程序规定《湖南省行政程序规定》，更是将政府行为程序化落实到了地方实践中。正因为程序化在政府行为中的重要性，从而使合法且严谨的评估程序成为提升政府公信力评估有效性的重要保障。政府公信力评估程序的规定和塑造有利于克服评估活动中的盲目性和随意性问题，减少评估失误的发生，使评估活动进一步的科学化、民主化、制度化。

第二节　政府公信力评估主体的选择

政府公信力评估主体是公信力评估体系的组成部分之一，对整个绩效评估活动开展和监督发挥着关键作用。我们需要明确参与主体、设立评估机构推进评估工作。

一　民众参与理论与评估主体

民众参与，一般指民众试图影响政府政策和政府管理行为的一切活动。随着公共治理的推进，民众参与在政府绩效评估活动中所扮演的角色日益重要，能有效打破政府绩效好坏个人说了算的弊端。“金杯、银杯，不如老百姓的口碑”，更加揭示了只有民众参与到评估活动中，实事求是地反映民众的态度，评估活动的成效才可能是“真金”“真银”。

民众参与政府绩效评估在我国已经起步，如2002年江苏省泗阳县百姓选出最差执法单位和官员。[①] 2003年江苏省徐州市开展“万人现场评议机关活动”。[②] 2009年7月，长沙县举行首次开放式政府常务会议，利用了互联网、电话、电视、报纸等技术和传媒手段，实现了会议全过程公开，实践了公众参与、专家咨询和政府决策相结合的决策机制。会前，通过召开听证会、座谈会、开展问卷调查等方式，向公众广泛征求意见。会中，邀请人大代表、政协委员和民众代表现场参与，直接表达意见；其他民众通过网络视频、热线电话场外参与，间接表达意愿。会后，会议视频和代表发言内容公开于长沙县门户网站相关栏目，决策事项公布于政府门户网站、政府公报、《今日星沙》等。[③] 从2010年3月份开始，辽宁省各地“两会”召开之时起，辽宁省政府纠风办、省政务公开办依托民心网、天下信息网启动了基层政府工作报告网上公开评议活动。在民心网、天下信息网上公开了全省14个市及108个县（市）区的122份2010年政府工作报告，请广大网民积极对这些政府工作报告进行网上公开评议，[④] 等等。

---

① 《江苏省泗阳百姓选出最差执法单位和官员》，http：//www. northeast. com. cn/sznews/80200302190039. htm。

② 《评议件件要落实，徐州开展万人现场评议机关活动》，http：//news. sina. com. cn/c/2003 - 09 - 28/0806833344s. shtml。

③ 《湖南省长沙县探索公民参与式治理 推进开放型政府建设》，http：//www. chinalaw. gov. cn/article/dfxx/zffzdt/ 200910/20091000142458. shtml。

④ 霍仕明、张国强：《辽宁启动政府工作报告网上评议》，《法制日报》2010年6月29日。

民众参与评估已处于起步阶段，参与的广度、深度进一步得到发展，连续性、稳定性和规范性进一步增强，我们要将民众主体作为政府公信力评估的重要主体。通过提高民众参与政府公信力评估的素质和能力、改善民众参与政府公信力评估的客观条件、保障民众参与政府公信力评估的制度供给等方面，充分发挥民众主体在政府公信力评估主体中的作用。

二　评估主体多元化模式与评估主体

评估主体多元化模式是指在政府公信力评估开展的过程中，在政府自身参与评估工作的同时，应当积极鼓励和要求政党、国家权力机关、社会组织、民众等参与到评估活动中，进而为政府公信力评估效用的提升提供主体保障。

（一）强调社会参与是主导

在前文概念界定时，笔者就指出政府公信力一方面是着眼于民众对政府的信任度和满意度；另一方面是政府对民众的影响力、号召力、凝聚力，两个方面都强调了民众的重要地位。这说明与一般意义上的政府绩效评估活动不同，政府公信力评估最重要的评估主体并不是政府自身，而是社会主体，这样才能最大限度地反映民情、体现民意、促进民生。

（二）坚持政府参与是基础

一方面，政府自身需要积极参与到公信力评估中来。政府的权力是民众赋予的，它的影响有多大，地位有多重要，具有多强的可持续性，很重要的是在于它获得的认同和支持。如果政府自身都轻视自身公信力的建设，将对自身公信力的评估放在一个可有可无的地位，那么对于政府自身建设将是重大的挫折。同时，由于政府机构作为国家系统的管理机构，具有庞大性和复杂性，各级政府对于自身的评估，以及各级政府之间互相的评估如果仅依靠外力介入进行评估，由于其他评估力量不具备足够的物力、人力、技术支持，并缺乏方便性，评估结果很难客观准确。因此，政府公信力评估必须政府自身要积极参与进来。另一方面，中国社会一直以来以“政府权威”的思想要求政府必须作为基础参与进来。“儒家思想中最具优势的国家观和权威观已在新的历史条件下转化为‘秩序原理’”，表现为政府在社会发展的诸多方面有着广泛的权威地位，且“这种权威地位得到了社会的比较普遍的认同和遵从”。[①]“在社会的诸多子系统中，行政系统无疑是化解社会矛盾最具权威、最有效的力量。”[②] 评估主体多元化还需要处于政府权威的引导之下，这样政府公信力评估活动才能获得社会的普遍认同，从而有效地开展开来。

（三）重塑责任精神是推力

责任精神孕育于民众社会之中，它强调的是政府与政府之间、政府与社会（含政党、国家权力机关、社会组织、民众）之间、社会个体之间的责任的不可或缺。评估主体的多元化，有利于各种主体在参与政府公信力评估的过程中激发和重塑责任精神，从而使评估主体多元化模式拥有健康运行的价值保障。例如，人民网舆情监测室从 2009 年 7 月开始第一次推出“地方应对网络舆情能力排行榜”，就是一种在责任精神推动下，监督和评估政府的实践体现。他们从 100

---

① 张国庆：《现代公共政策导论》，北京大学出版社 1997 年版，第 92 页。

② 颜佳华：《公共行政的价值选择与观念转型——和谐社会视野中的阐释》，《科学社会主义》2007 年第 2 期。

多家境内外报刊的新闻报道和评论，8家门户网站的新闻跟帖，约30家论坛/BBS等中梳理出了每一个季度的十件“舆情热点事件”，并按照“政府响应、信息透明度、政府公信力”3个常规指标，以及“动态反应、官员问责、网络技巧”3个特殊指标，进行排名打分。

人民网舆情监测室对于2012年第二季度十件“舆情热点事件”以及对政府应对、处置能力评估的具体结论如表5—1所示。①

表5—1　2012年第二季度地方应对网络舆情能力排行榜②

事件	政府响应	信息透明度	政府公信力	动态反应	官员问责	网络技巧	总分	应对能力
湖南湘潭“90后”副局长	5.7	6.5	3.0	1.0	2.5	1.5	20.2	蓝
广东深圳“5·26”飙车案	6.0	4.5	4.5	1.5	0	2.0	18.5	黄
湖北武汉大雾	5.0	6.5	4.5	0	0	2.5	18.5	黄
河南漯河副局长打记者	3.8	4.2	2.3	1.0	2.0	2.0	15.3	黄

① 人民网舆情监测室：《2012年二季度地方应对网络舆情能力推荐榜》，http://yuqing.people.com.cn/n/2012/0719/c210118—18548591.html。

② 说明：“政府响应”，即地方政府对于突发公共事件和热点话题的响应和表达情况，包含响应速度、应对态度、响应层级（是否有党政主要领导人、部门领导人和警方发声）；“信息透明度”，即政府新闻发布的透明度，官方媒体报道情况，互联网和移动通信管理，以及对外媒体的态度等；“政府公信力”，即突发公共事件和热点话题发酵前后对政府的信任度、满意度，以及由此引发的对政府形象的综合影响；“动态反应”，即政府随着舆情的发酵，矛盾的激化或转移，迅速调整立场、更换手法；“官员问责”，即对舆论关注的不作为或无良官员作出处理；“网络技巧”，即很好地运用网络等新媒体进行信息发布和意见沟通，熟悉网络宣传和引导技巧。

舆情分析师依据以上各项指标对政府表现分别作出评价，政府表现越出色、应对越得体则得分越高，反之则得分越低。最终依据各项表现综合所得总分，得出蓝、黄、橙、红四色级别，警报程度相应由低到高。其中总分20.00分（含）以上为蓝色，表示政府应对总体较为得体；总分10.00—20.00分（不含）为黄色，表示政府应对有待进一步加强；总分5.00—10.00（不含）为橙色，表示政府应对存在明显问题；总分5.00分（不含）以下为红色，表示政府应对严重失当，存在重大缺陷。

续表

事　件	政府响应	信息透明度	政府公信力	动态反应	官员问责	网络技巧	总分	应对能力
广东中山沙溪事件	5.0	4.8	3.0	0	0	2.0	14.8	黄
山东青岛植树增绿事件	2.0	2.7	2.5	1.0	0	1.5	9.7	橙
陕西镇平孕妇引产事件	2.5	2.3	0.3	1.0	2.0	0.5	8.6	橙
黑龙江太阳能国有之争	2.8	3.6	1.7	0	0	0	8.1	橙
云南巧家爆炸案	3.4	1.5	1.0	1.0	0	1.0	7.9	橙
陕西大荔“天价烟”事件	0.7	0.2	-1.8	0	0	0	-0.9	红

如果不是人民网舆情监测室具备一种监督政府行为的责任精神和一种提升政府正确处理舆情问题的责任意识，我们也不会看到每一季度的地方应对网络舆情能力排行榜。

三　政府公信力评估主体的确定

（一）明确政府公信力评估主体

明确政府公信力评估主体，是保证政府公信力评估的科学、客观和公正进行的重要前提。政府公信力评估主体可分为外部评估主体和内部评估主体。

外部评估主体是指由政府机关以外的评估主体所构成的评估主体，包括政党、国家权力机关、社会组织和民众等。政党对政府公信力的评估包括中国共产党和民主党派的评估，更主要是指民主党派的评估；国家权力机关是指各级人民代表大会及其常务委员会的评估；社会组织是指各类企业、社团组织、舆情调查机构、民意调查机构、相关媒体、学术研究群体、民众群体、民众个体等。

内部评估主体是指由政府机关自身的评估机构所构成

的评估主体。一般来说，政府绩效评估的内部评估主体，包括政府机关内部的自我评估和专门评估两部分。而在政府公信力评估中，我们淡化了政府机关内部的自我评估即政府机关按照隶属关系上下级之间相互实施的评估，而主要以专门评估为主，它指政府设立专门机关对所有的行为绩效实行全面的评估。这种做法在发达国家已渐成气候，如英国的审计委员会、美国的审计总署。在我国已有多个省（区、市）设立了绩效管理或绩效评估领导机构和办事机构，例如湖南省成立了湖南省绩效评估委员会，省委书记任主任，省长任常务副主任，省纪委书记、省委组织部部长和常务副省长任副主任。省纪委（省监察厅）、省委办公厅、省委组织部、省委宣传部、省委统战部、省委政法委等16个部门负责人任委员。我们的政府公信力评估就是要依托政府绩效评估委员会或相似机构开展内部评估。

（二）设立政府公信力评估机构

为积极推进政府公信力评估工作的开展，我们建议在各级政府绩效评估委员会下设政府公信力评估办公室指导和监督评估工作开展，并由政府公信力评估办公室委托第三方机构开展相关信息收集和结果整理工作，最后由各级政府绩效评估委员会对结果审核后进行相关奖惩工作。

政府公信力评估办公室主要负责政府公信力评估活动的协调、指导和监督检查工作。一是需要与政府绩效评估委员会协调政府公信力评估工作的布置与落实工作；二是需要选择确定第三方机构并指导第三方机构开展评估有关工作，但不参与到第三方机构具体工作中去；三是负责审定由第三方机构提供的评估结果；四是负责收集政府内部评估结果；五是将第三方机构提供的外部评估的结果和自身收集的政府内部评估结果进行汇集整理，得出政府公信力评估结果报政府绩效评估委员会备案。

第三方评估机构主要负责政府公信力外部评估主体信息的收集与整理，该第三方机构需要是独立于政府机构之外的法人主体，能自主承担政府公信力评估办公室委托的相关工作，同时第三方机构需要具备相关信息收集、分析整理及应用对策的能力，从而保证第三方机构承担能力的独立性以及评估工作开展的真实性和可行度。一是需要与政府公信力评估办公室沟通协调需要完成哪些相关工作；二是需要准确收集政党、国家权力机关、其他社会组织和民众的与政府公信力评估相关的信息；三是需要对相关信息进行分析整理，并得出初步结论报政府公信力评估办公室。

政府绩效评估委员会主要负责对政府公信力评估工作进行指导；还需要对政府公信力评估办公室报送的评估结果进行审定，并对相关单位进行相关奖励和处罚工作。

第三节 政府公信力评估指标体系的构建

政府公信力评估指标体系的设计需要遵循指标体系的“SMART”原则[①]，还必须强调民众对政府的信任度和满意度，以及政府对民众的影响力、号召力、凝聚力。同

① “SMART”原则中“S”代表“Specific”，要求绩效指标应该是“具体的”“明确的”“切中目标的”，而不是“模棱两可的”“抽象的”；“M”代表“Measurable”，要求绩效指标最终是“可衡量的”“可评估的”，能够形成数量指标或行为强度指标，而不是“笼统的”“主观的”描述；“A”代表“Achievable”，要求绩效指标是“能够实现的”，而不是“过高或过低”或者不切实际；“R”代表“Realistic”，要求绩效指标是“现实的”，而不是“凭空想象的”或“假设的”；“T”代表“Time Bound”。

时，必须结合政府公信力建设所处的社会环境，体现时代特色，因此，我们需要探讨和谐社会建设和科学发展观落实背景下的政府公信力评估指标体系设计。

一　和谐社会与政府公信力评估指标体系设计

我们所要建设的社会主义和谐社会，应该是民主法治、公平正义、诚信友爱、充满活力、安定有序、人与自然和谐相处的社会。和谐社会是政府推进社会发展的目标，和谐社会建设的内涵与政府公信力建设的内涵的契合需要在政府公信力评估指标体系中得到体现。

（一）综合目标的体现

社会主义和谐社会具备的基本特征决定了其目标的综合性，是几个子目标的集合，同时这几个子目标是相互联系、相互作用的。在前文的论述中，我们已指出诚信不仅是和谐社会的本义所在，而且与民主法治、公平正义、诚信友爱、安定有序等密切相关。没有诚信，特别是没有政府公信力，就不可能有社会的和谐，不可能有科学的发展，构建和谐社会的目标也无法实现。因此，我们政府公信力评估指标的设计必须要将政府公信力对于和谐社会建设的推动成效纳入进去，要考虑政府公信力与民主法治、公平正义、诚信友爱、安定有序之间关系的体现，以及政府公信力与这些子目标的综合目标间关系的体现。

同时注意处理和谐社会的全面、协调、可持续发展与政府公信力评估指标设计的关系。只有坚持发展的全面性和可持续性，才能使民众从经济、政治、文化等各个方面享受到物质成就、政治保障和精神支撑，才能使民众感受到政府有能力长远地改善民生、造福民众；只有坚持发展的协调性，才能有效地减少和化解社会矛盾，使民众感受到社会的和谐稳定，从而提高民众对于政府的信任度和满意度，使政府公信力水平得到认同。

（二）包容性增长的体现

包容性增长最基本的含义是公平合理地分享经济增长，它涉及平等与公平的问题，是社会主义和谐社会建设思想的进一步发展和升华，与和谐社会建设具有一致性和延续性，是“和谐社会”理念在增长上的集中体现。“包容性增长”概念最早由亚洲开发银行在2007年首次提出；2009年11月15日，国家主席胡锦涛在亚太经济合作组织第十七次领导人非正式会议提出了“统筹兼顾，倡导包容性增长”；2010年9月16日，在第五届亚太经合组织人力资源开发部长级会议上，胡锦涛进一步深入阐释了相关内涵，“实现包容性增长，根本目的是让经济全球化和经济发展成果惠及所有国家和地区、惠及所有人群，在可持续发展中实现经济社会协调发展。我们应该坚持发展经济，着力转变经济发展方式，提高经济发展质量，增加社会财富，不断为全体人民逐步过上富裕生活创造物质基础；坚持社会公平正义，着力促进人人平等获得发展机会，不断消除人民参与经济发展、分享经济发展成果方面的障碍；坚持以人为本，着力保障和改善民生，努力做到发展为了人民、发展依靠人民、发展成果由人民共享。”①

大力推进和谐社会建设中的包容性增长，真正实现着力保障和改善民生，发展成果由人民共享。例如，“政府

① 胡锦涛：《深化交流合作 实现包容性增长》，2010年9月16日在第五届亚太经合组织人力资源开发部长级会议上的讲话。

要强调社会收入分配的公平，政府应将资源二次分配的价值目标定位为促进社会公平，以缩小社会的收入差距”①，那么民众对政府的信任度和满意度将大幅提升，有利于提升政府公信力。因此，政府公信力评估指标设计需要体现包容性增长的内涵和要求。

（三）相对性和动态性的体现

政府公信力评估指标在评估状态上具有相对性。社会主义和谐社会是一种社会状态，对于和谐社会的追求是没有止境的，没有最和谐，只有更和谐。可以说，社会主义和谐社会构建，是一项艰巨复杂的系统工程，也是一个需要随着经济、政治、文化的发展而不断推进的历史进程。因此与推进和谐社会建设相关的政府公信力评估指标的评估在时间维度上具有相对性。

政府公信力评估指标在评估状态上具有动态性。在和谐社会建设中，影响政府公信力的矛盾是无处不在的，我们必须要及时协调并化解矛盾，但我们也必须清醒地认识到，矛盾的协调和化解只是一种暂时的处于相对平衡关系的状态，而不是固定不变的。而且，影响政府公信力的矛盾会随着经济与社会的发展而发生转化，主要矛盾和次要矛盾的位置会发生改变。因此，我们构建的政府公信力评估指标体系应能够动态地反映政府公信力建设的程度，以及民众对影响政府公信力水平的突出矛盾予以关注。政府公信力评估的指标体系的各构成指标以及各自相应的权重，要能够随着影响政府公信力因素的变化而进行适应性调整。

① 颜佳华：《公共行政的价值选择与观念转型——和谐社会视野中的阐释》，《科学社会主义》2007年第2期。

二 科学发展观与政府公信力评估指标体系设计

科学发展观第一要义是发展，核心是以人为本，基本要求是全面协调可持续，根本方法是统筹兼顾，指明了我们进一步推动中国经济改革与发展的思路和战略，明确了科学发展观是指导经济社会发展的根本指导思想。学习和实践科学发展观有利于提升政府公信力，科学发展观的指导思想需要在政府公信力评估指标体系中得以体现。

（一）发展是第一要义思想的体现

改革开放以来，中国经济创造了持续30多年高增长的世界奇迹，“十五”期间我国国内生产总值年均增长率达到9%；“十一五”期间我国国内生产总值年均实际增长率为11.2%，远高于同期世界经济年均增速。但我国经济高增长是以资源高消耗、环境破坏与社会不和谐程度增加为代价的粗放式增长，随着我国资源、环境与社会不和谐问题的凸显，粗放式经济增长方式已经走到尽头。正是因为资源高消耗、环境破坏与社会不和谐程度等一系列问题产生并广泛影响，使民众对于改善政府执政能力、改变经济社会发展方式的呼声越来越高。我们政府在面临发展中遇到的问题时，用一种怎样的态度来应对？是否能提出有效的解决方法？是广大民众深切关注的。如果还不用一种科学的理念来指引我国经济社会发展，那么政府的形象在民众心目中的地位将大打折扣，降低政府自身的公信力。同时，我们在遇到问题时，不是回避发展，而是要更好地促进经济社会的发展，这也为政府在民众中的满意度和信任度加分。政府公信力评估指标体系设计要评估政府推进经济社会发展是否遵循科学发展观的要求，是否有效转变发展方式、有效破解发展难题，是否有效提高发展质量和效益，从而评估政府在民众中的公信力情况。

（二）以人为本思想的体现

科学发展观坚持人民群众是历史创造者的唯物史观的基本原理，坚持全心全意为人民服务的党的根本宗旨，牢固树立“立党为公，执政为民”的坚定信念，把依靠人民作为发展的根本前提，把提高人作为发展的根本途径，把尊重人作为发展的根本准则，把为了人作为发展的根本目的，始终把实现好、维护好、发展好最广大人民的根本利益作为党和国家一切工作的出发点和落脚点，解决好人民群众最关心、最直接、最现实的利益问题，做到发展为人民，发展依靠人民，发展成果由人民共享。这与政府公信力反映的民众对政府的信任度和满意度是契合的，只有政府时时刻刻都考虑民众的利益，遵循以人为本的思想，政府才有可能在民众中树立公信力。因此，在政府公信力评估指标体系的设计过程中，必须要体现政府行为所蕴含的“以人为本”思想。例如，在科学发展观的指导下，指标设计要考虑社会发展、民生、环境、资源等指标，表明政府将担任更多促进社会和谐、改善民生状态、保护生态环境等方面的职能和责任。

三　当代中国政府公信力评估指标体系构建的逻辑框架[①]

（一）政府公信力评估指标体系构建的总体框架

平衡计分卡（Balanced Scorecard）是哈佛大学教授

① 杨畅：《当代中国政府公信力评估指标体系构建探析》，《中国行政管理》2013年第12期。

Robert Kaplan 与诺朗顿研究院的执行长 David Norton 提出并逐步完善的一种从企业发展战略出发，将企业的目标分解成由“财务状况”“顾客服务”“内部经营管理”“学习和成长”等多个指标组成的多元评价系统，旨在超越传统以财务量度为主的绩效评价模式，提升组织的战略力、执行力，并逐步将平衡计分卡引入到公共部门实践中。2009 年，Dodor 和 Gupta 等人对政府组织运用平衡计分卡的可行性进行了论证，并开发了政府组织平衡计分卡（GO – BSC）。GO – BSC 的四个层面从上至下依次是“财务状况”“服务选民”“内部运营”以及“学习与成长”。[①] 由于中西方政治文化存在显著差异，西方公共部门平衡计分卡框架引入国内公共部门实践有必要根据我国国情和需要进行修正和调整。在 2004 年，平衡计分卡已经引入到我国地方政府绩效评估活动中，之后，引入到地方政府公共事业管理绩效评价中，将评价的四维度调整为三维度，即地方政府公共事业管理业绩、地方政府公共事业管理成本、地方政府内部管理。[②]

借鉴平衡计分卡在企业管理评价和地方政府公共事业管理评价中的思想，结合政府公信力评估的自身特色，将政府公信力评估指标体系结构调整为由政府公信力内部基础指标、政府业绩与政府成本指标和政府公信力互动指标三个模块组成。一是政府公信力内部基础是指政府具备公信力所应具备内部建设与管理的基本条件，使政府公信力

① 方振邦、罗海元：《政府绩效管理创新：平衡计分卡中国化模式的构建》，《中国行政管理》2012 年第 12 期。

② 彭国甫：《地方政府公共事业管理绩效评价指标体系研究》，《湘潭大学学报》（哲学社会科学版）2005 年第 3 期。

建设坚固、稳定而可靠。因此，政府公信力内部基础应成为衡量政府公信力水平的核心指标，这与平衡计分卡在内部经营管理、内部运营和在地方政府公共事业管理绩效评价中地方政府内部管理相符合。二是政府业绩与政府成本是政府公信力评估实践中民众高度关注的重要指标。政府具备公信力在某种程度上就是政府能够在控制行政成本的前提下取得优良的业绩，以相对合理的投入获得为民众所认同的成就。这与平衡计分卡的财务状况指标和在地方政府公共事业管理绩效评价中地方政府公共事业管理业绩、地方政府公共事业管理成本相符合。三是政府与民众的良性互动是保证政府公信力水平优良的关键。互动是一种动态的、互相呼应的、良性沟通的状态，一方面是提升政府内部自身的满意度；一方面是提升政府服务顾客的满意度，使指标体系设计更趋科学。这与平衡计分卡的顾客服务、服务选民指标，学习与成本指标相符合，也涵盖了公众对政府的信任度和满意度，政府对公众的影响力、号召力、凝聚力所体现的要求。

（二）政府公信力评估指标体系构建的具体思路

构建科学、合理的政府公信力评估指标体系，要从宏观上把握评估指标甄选和评估指标体系的构建。依据平衡计分卡理论的思想，从整体把握上，当代中国政府公信力评估指标体系构建分为内部基础、业绩与成本和互动三个维度。我们要求按照政府公信力建设应该实现的目标和影响政府公信力水平的主要因素来具体设计维度及其细化的指标内容。

首先，我们必须清晰准确地界定政府公信力建设应达到一种怎样的预期目标，然后对影响预期目标实现的关键要素进行剖析，在此基础上设计各维度的具体指标。在这个过程中，我们应注意，指标类型有定性和定量两种，在政府公信力评估指标设计中同样存在着定性和定量两种不同的指标类型。不同性质的指标其评价标准、指标处理的方式、方法也不相同。因此，在指标设计思路上，我们应注意定性指标的定量化问题。因此，在指标设计思路上，应增加定性—定量指标维度，为后面对评价指标的计算处理提供依据。[①] 在宏观指标设计思路的指引下，对政府公信力评估指标体系的总体框架和具体构成的把握就相对容易和简单。

四　当代中国政府公信力评估指标体系的主要内容[②]

在设计指标体系时，一些指标本身具有不可测性，我们可以通过将这些指标分解成若干个子指标，从而形成结构合理的递阶结构。第一层即目标层，为综合评价指标；第二层即因素层，为分类评估指标；第三层即子指标层，为单项评估指标。一般而言，单项评估指标具有结构单一、简明可辨、容易测量等特征。[③] 综上所述，当代中国政府公信力评估指标体系总体结构如图 5—1 所示。

（一）政府公信力内部基础指标构成

政府公信力的影响因素主要集中在政府政策公信力、政府信息公信力、政府作风公信力、政府行政人员公信力

---

① 彭国甫：《地方政府公共事业管理绩效评价指标体系研究》，《湘潭大学学报》（哲学社会科学版）2005 年第 3 期。

② 杨畅：《当代中国政府公信力评估指标体系构建探析》，《中国行政管理》2013 年第 12 期，本书中稍作改动。

③ 彭国甫：《地方政府公共事业管理绩效评价研究》，湖南人民出版社 2004 年版，第 172 页。

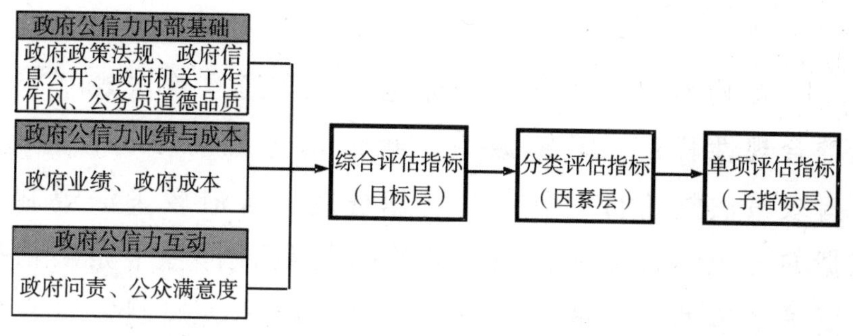

图 5—1　当代中国政府公信力评估指标体系总体结构

等方面，因此，可从政府政策法规品质方面、政府政务信息公开方面、政府机关工作作风方面、政府行政人员道德品质方面来测评政府公信力的内部基础。政府公信力具备的基础（如表 5—2 所示），主要建立在以下四个方面，是政府公信力存在、持续、提升的基石。

表 5—2　政府公信力内部基础指标表

综合评价指标	分类评价指标	单项评价指标
政府公信力内部基础指标	政府政策法规品质指标	政府政策法规制定依据的合规性程度
		政府政策法规制定过程的参与性程度
		政府政策法规执行的稳定与可靠程度
	政府政务信息公开指标	政府政务信息公开发布制度与机制健全程度
		政府对依申请公开信息的有效答复率
		政府网站政务信息公开的有效性与及时性
		政府重大决策听证制度落实情况
	政府机关工作作风指标	政府机关运转与活动开展勤俭节约情况
		政府各类评比、表彰、评审项目精简程度
		政府各类会议、调研、检查活动精简程度
	政府行政人员道德品质指标	政府行政人员廉政勤政程度
		政府行政人员法治意识程度
		官员腐败涉案人数占行政人员比例

1. 政府政策法规品质指标包括：政府政策法规制定依据的合规性程度、政府政策法规制定过程的参与性程度、政府政策法规执行的稳定与可靠程度。政府政策法规制定依据的合规性程度，体现在政策法规是否符合于宪法精神的要求、遵循严格的立法程序。政府政策法规制定过程的参与性程度，主要考察社会公众对于政府政策制定过程的参与度。政府政策法规执行的稳定与可靠程度，主要体现在是否遵照政府政策法规开展工作的连续性及其履职兑现的程度。

2. 政府政务信息公开指标包括：政府政务信息公开发布制度与机制健全程度、政府对依申请公开信息的有效答复率、政府网站政务信息公开的有效性与及时性、政府重大决策听证制度落实情况。政府主动信息公开和依申请信息公开状况，以及网站上公布信息的数量、准确性、及时性是政府信息公开的重要衡量指标。另外，是否将政府的重大事项公开透明的发布，并对重大事项决策中举行听证会比例的计算也是信息公开的重要体现。

3. 政府机关工作作风指标包括：政府机关运转与活动开展勤俭节约情况，政府各类评比、表彰、评审项目精简程度，政府各类会议、调研、检查活动精简程度。在测度该指标时，主要是结合中央关于改进工作作风提出的具体要求，来衡量政府机关工作作风的改善状况。

4. 政府行政人员道德品质指标包括：政府行政人员廉政勤政程度、政府行政人员法治意识程度、官员腐败涉案人数占行政人员比例。在测度该指标时，一方面可以通过政府行政人员的勤政廉政、法治意识强弱等情况来实现；

另一方面，也可以直接通过统计政府腐败案件涉案人数占行政人员比重来评估。

（二）政府公信力业绩与成本指标构成

当然，政府公信力的高低，集中体现为政府运用公共权力、履行公共职能，基于一定的公共资源投入而创造的政府业绩。因此，政府公信力业绩与成本指标构成（如表5—3所示），包括政府业绩和政府成本两方面。政府公信力业绩和成本指标是公众衡量政府是否廉洁高效、业绩突出，能否具备较高公众满意度政府的关键指标。

1. 政府业绩指标包括：国内生产总值增长率、财政收入增长规模、居民人均收入增长率、社会综合治理稳定程度、各领域公共服务供给数量与质量。在测度该指标时，前三个子指标主要反映政府的经济运行状态和居民获得的收入水平，用于衡量对政府把握经济发展的信心。社会综合治理稳定程度是用于衡量政府在维护社会综合稳定方面给予民众的信心指数。各领域公共服务供给数量与质量用于体现政府在各具体公共事业领域取得的成绩。

2. 政府成本指标包括：政府机关工作人员年工资总额占财政支出比重、行政管理费用占财政支出比重。政府机关工作人员工资用于支付工作人员的工资、津贴等支出。行政管理费用是指用于维持政府机关日常开支、正常运转的成本之和，目前特别受到关注的就是“三公”经费在行政经费中的比重。

表 5—3　　政府公信力业绩指标表

综合评价指标	分类评价指标	单项评价指标
政府公信力业绩与成本指标	政府业绩指标	国内生产总值增长率
		财政收入增长规模
		居民人均收入增长率
		社会综合治理稳定程度
		各领域公共服务供给数量与质量
	政府成本指标	政府机关工作人员年工资总额占财政支出比重
		行政管理费用占财政支出比重

（三）政府公信力互动指标构成

政府公信力除了受内部基础、政府业绩、政府成本等要素的影响之外，还体现为政府与公众之间关于责任义务的一种动态互动机制和过程。政府公信力互动指标构成（如表 5—4 所示），主要包括政府问责和公众满意度两方面。政府公信力互动指标用于描述公众与政府之间的互动情况，从政府问责机制建设和提升公众满意度着手，评估政府公信力水平。

表 5—4　　政府公信力互动指标表

综合评价指标	分类评价指标	单项评价指标
政府公信力互动指标	政府问责指标	政府问责机制与制度健全程度
		政府部门及官员失责行为被问责的概率
		被问责政府部门及官员处罚执行情况
	公众满意度指标	政府政务服务中心建设及其服务质量
		公众参与政府决策的积极性与满意度
		公众对政府行为的投诉与信访数量

1. 政府问责指标包括：政府问责机制与制度健全程度、政府部门及官员失责行为被问责的概率、被问责政府部门及官员处罚执行情况。政府问责机制与制度健全程度是指政府系统内责任机制、问责制度的健全程度。政府部门及官员失责行为被问责的概率是指政府对于在自身工作中出现问题后，主动接受问责、追责的可能性及其程度。被问责部门及官员的处罚情况是指对于在工作中因过错或触犯法律法规而被追责部门或官员的处罚情况以及处罚后的反馈情况。政府大胆自身问责追责有利于提振民众对政府的信心指数。

2. 公众满意度指标包括：政府政务服务中心建设及其服务质量、公众参与政府决策的积极性与满意度、公众对政府行为的投诉与信访数量。政务服务中心是政府与公众交往的重要平台，政务服务中心建设数量和服务水平是政府与公众之间互动程度的重要反映。公众参与政府决策的积极性与满意度主要反映政府能否积极响应公众的诉求，健全畅通的渠道吸纳社会公众对公共决策的参与。只有当政府认真倾听公众心声、积极落实公众诉求时，公众才会有较高的参与度。公众对政府行为的投诉与信访数量，主要体现在公众合法权益受到政府行为损害后，公众对于政府行为的一种投诉和信访的数量，如果数量较多，则说明公众的满意程度较低。

第四节　政府公信力评估流程的设定与完善

我们从传统政府绩效评估流程模型入手，描绘政府公信力评估的基本流程，使政府公信力评估活动的开展有清晰的思路和明确的方向，同时，我们将标杆管理理论引入政府公信力评估流程的改进中来，进一步完善和提升政府公信力评估流程，使评估活动更规范、更科学。

一 政府公信力评估流程

政府公信力评估活动是一个过程，是一个有计划、有步骤的活动。前文提到美国公共生产力研究中心（National Center for Public Productivity）1997年提出了实施绩效评估的7大步骤。借鉴国内外有关研究成果，根据我国的实际情况，我们认为政府公信力评估流程模型如图5—2所示。

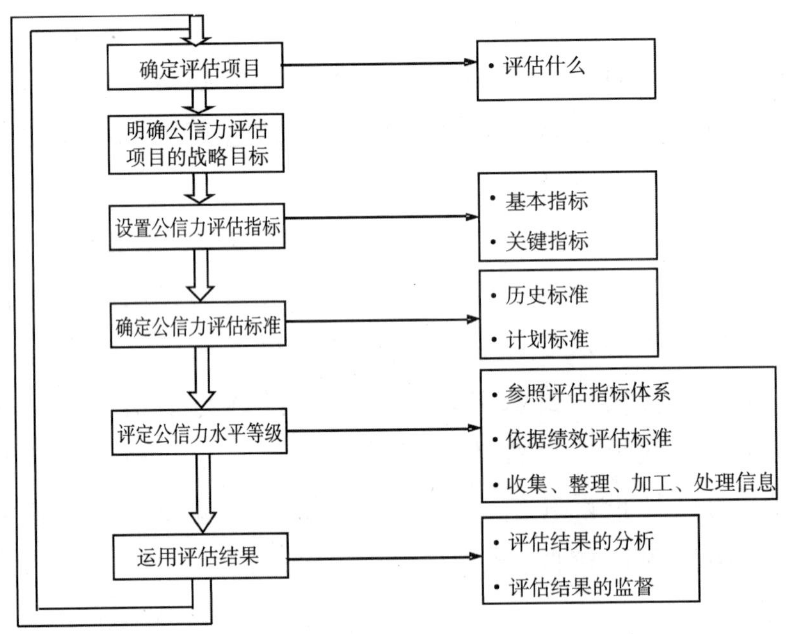

图5—2 政府公信力评估流程模型

（一）确定评估项目

这是解决评估什么，以及为什么要评估这些项目的问题。选择评估项目时，要立足于政府管理的需要，抓住影响政府公信力的关键性项目。

（二）明确公信力评估项目的战略目标

目的在于使评估者确切知道政府公信力评估要达到什么样的战略目标，以便评估。

（三）设置政府公信力评估指标

把项目分解为一些具体的指标以便于评估操作，包括基本指标、关键指标，以及政府公信力评估指标体系的构建。

（四）确定公信力评估标准

目的在于为绩效评估开展提供一个绩效水平参照物，也就是项目开展要达到一种什么样的程度，项目的目标才算是实现了。

（五）评定政府公信力水平等级

就是得出政府公信力评估的结果。通过参照评估指标体系，依据绩效评估标准，收集、整理、加工、处理信息，运用定量、定性的方法来得出评估结果。

（六）运用评估结果

结果运用既是评估的延续，又是评估的目的所在，运用评估结果最大的目的在于提升政府公信力水平。对评估结果的运用包括对评估结果的分析、评估结果的监督、评估结果的具体运用。

政府公信力评估的流程环环相扣、依次递进，而且还是一个不断循环的过程。政府公信力评估的流程循环不是周而复始的简单循环，而是在学习借鉴前次评估基础上的螺旋式上升的循环过程。

二　基于标杆管理的当代中国政府公信力评估流程改善

标杆管理就是寻找和研究业内外一流的企业，以此为标杆，将本企业的业务、流程、服务、管理等方面的实际情况与标杆进行评价和比较，并结合自身实际通过创造性的学习与借鉴标杆经验，从而赶超一流企业或创造高绩效的活动。[①]标杆管理的实质是以优秀地方政府管理的业绩标准为参照，对因循守旧、抱残守缺、不思进取、官本位等陋习的变革，它主要由“标杆”和“超越”两个基本阶段所构成。“标杆”阶段就是针对地方政府管理所要改进的领域或对象，首先确定“谁”在这一方面是最好的，以及他为什么做到了最好？我们差在哪里？为什么差？这一阶段是知己知彼的过程。另一个阶段在于“超越”，不是简单地模仿，是在系统比较和学习中的绩效提高。

基于标杆管理的政府公信力评估流程模型的改进在于把“标杆”和“超越”两阶段融入进来，使政府公信力评估标准设定科学化；并使政府公信力评估过程不再是单一的评估，还包括改善、学习与创新。基于标杆管理的政府公信力评估流程模型如图5—3所示。

（一）确定评估项目

在开始准备对政府公信力进行评估时，要全面了解政府公信力建设现状。政府公信力建设目标应该以维护社会和谐稳定，促进经济社会稳定发展，打造诚信政府为目标。

---

① 彭国甫：《地方政府绩效评估研究》，湖南人民出版社2005年版，第233页。

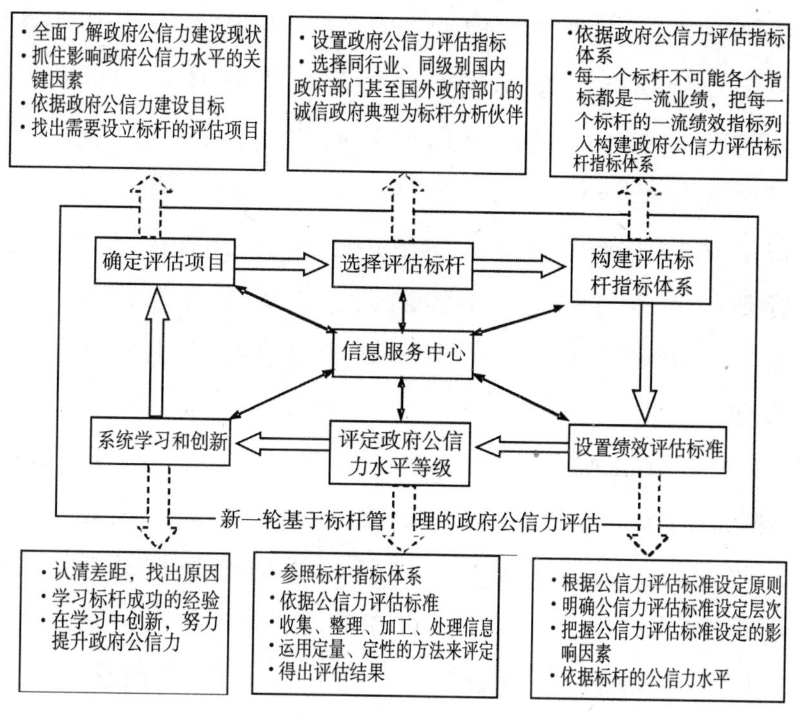

图 5—3　基于标杆管理的政府公信力评估流程模型

（二）选择评估标杆

要依据政府公信力建设的具体目标和政府公信力评估指标来选择评估标杆，要开阔视野，选择同行业、同级别国内政府部门甚至国外政府部门的典型诚信政府为标杆。确定评估标杆时要注意：（1）该标杆的政府公信力建设实践相对评估对象必须具有卓越的诚信业绩和政绩，是具有突出的公信力建设业绩的政府。（2）该政府与期待引入标杆的政府必须具有相似性，使标杆的选择具有可比性和实践可操作性，避免因为差距过大而丧失实践价值。

（三）构建评估标杆指标体系

选择好评估标杆后，关键是要把标杆的最佳绩效指标列出来作为参照系；同时，因为不可能某一个政府的各个指标都具有一流业绩，因此要确定的是从多个标杆中提出的一流业绩指标汇总而成的评估标杆指标体系。标杆指标体系的意义在于，我们可以通过收集自身的信息资源来一一对照标杆的指标，从中找出彼此的差距，为政府公信力评估活动的开展提供一个明晰的公信力水平状况。由于标杆管理的实施是在政府主体之间，由于不存在营利性的利益竞争，使政府主体能更多、更好地从标杆主体获得有益的帮助。

（四）设置政府公信力评估标准

评估者要根据绩效评估标准的设定原则，设定一个合适的政府公信力评估层次。同时，我们要把握绩效评估标准设定的影响因素：（1）政府间区域差异和经济水平差异；（2）政府管理实践差异；（3）政府管理理念与模式、文化环境等的差异。依据标杆的业绩水平来设置绩效评估标准，标杆的业绩水平就是评估中所参照的标准。

（五）评定政府公信力水平等级

评估者要收集、整理、加工、处理以标杆内容为主的信息资料，参照标杆指标体系，依据政府公信力评估标准来评定政府公信力水平。

政府公信力评估的合理性基础是对其行为结果进行科学准确的认识，评估者要根据标杆所涉及的内容，来取得包括政府政策法规建设、政府信息公开、公务员道德品质、政府业绩、政府成本、政府问责、民众满意度等信息资料，并对其进行筛选、核实、鉴定，从而形成有用、精确、客观又全面的信息资料。然后把信息资料放到设立好的标杆指标体系中，依据绩效评估标准，根据指标绩效水平和各指标权重进行分数统计、运算，实现等级评定，从而提供一个清晰的政府公信力建设水平状况。要对评估结果进行复核，形成评估结论，建立评估档案以备后需。

（六）系统学习和创新

政府公信力评估的进行是为了从评估结果中发现问题，反思政府公信力建设水平差距产生的原因，把已达到或接近标杆水平的指标继续保持和发展，把没达到标杆水平的指标继续强化。学习不是简单模仿之，而是学习其精髓所在，要以标杆管理为突破口，制订一系列缩小差距的计划并付诸行动。在创新中使政府公信力建设水平步入一个新的高度，以更新、更高的姿态提高政府公信力建设的战略价值和绩效水平。在制订计划并付诸行动时要注意：（1）要立足实际，从实际出发，避免“放卫星”，能作出多大的成绩量力而为，不要“打肿脸充胖子”。（2）要立足实绩，而不是为了局部利益、眼前利益甚至私人利益而搞“政绩工程”“官观工程”。（3）要立足基础，大胆借鉴、勇于创新，大刀阔斧地进行改革，不能简单模仿，要以差距为动力，以实际行动为手段，力争赶上并超越标杆绩效。

一次评估活动的完成，并不是终结而是新一轮评估活动开始的起点。社会在不断地发展和进步，要针对政府公信力建设的新成就来确定新的标杆作为奋斗目标，实现新的一轮标杆管理，在实践中实现政府公信力水平的持续改善，从而推动政府改革与发展的长期性和战略性。

第六章　当代中国政府公信力提升的绩效方略[①]

当代政府公信力建设面临政治生态损害、信息非对称、政府公信力治理结构的不完善引起的政府绩效低下，从而导致了政府公信力建设的困境。我们基于绩效评估的理念，从对应的角度进行破解，提出绩效提升方略，主要体现在以下几个方面：思想观念的变革、政策法规的调整、信息公开的强化、治理结构的完善。我们着力于从一种绩效解析的视角，谋划当代政府公信力的提升，这也是一种新思维的探寻。

第一节　更新思想观念：当代中国政府公信力建设的理念塑造

思想是行动的先导，有什么样的思想理念，就会有与之相应的发展方式和结果。政府改革的推进，总是要以思想的进步和观念的更新为先导。因此，思想观念变革成为

---

① 杨畅：《绩效提升视角的当代中国政府公信力评估实施方略》，《湖南师范大学社会科学学报》2011 年第 3 期，本书中稍作改动。

当代中国政府公信力建设的重要基础。我们必须在显意识层面和潜意识层面更新思想观念，营造当代中国政府公信力建设的氛围，真正在人们的思想深处形成评估政府公信力建设的思想观念，实现政府建设的新超越过程。

一　以为民办实事为基本出发点

当代中国政府在执政活动中遇到的一个突出问题，就是如何使各级政府始终树立正确的利益观。政府的权力是人民群众赋予的，政府及其公务员肩负为人民服务的义务，它的权力只能是用来为人民服务的工具。政府的一切工作就是反映、表达、体现人民群众的利益要求，把群众的情绪当作第一信号，以维护好、实现好、发展好人民群众的根本利益为出发点和落脚点。“情为民所系，权为民所用，利为民所谋”是评估政府公信力的思想基础。这就要求政府要脚踏实地工作，有诺必践。政府的各级组织、各级领导干部都必须以为民办实事为工作的基本出发点，除了法律和政策规定范围内的个人利益和工作职权外，不得以任何借口谋取个人私利和特权。在不谋取私利与特权的同时，更重要的是要千方百计地推进改革开放和社会主义和谐社会建设，加快社会发展，使人民群众能够获得更多看得见、摸得着的利益，当好为人民造福、为民谋利的贴心人，认定“利为民谋”的利益追求永不变。从而自觉抵制劳民伤财的“形象工程”和“政绩工程”，靠自己求真务实的作风，在群众面前树起良好的政府公信力。

例如，湖南省委省政府长期以来致力于关注民生、重视民生、保障民生和改善民生。从 2004 年起，湖南省开展了以督查验收 8 件实事为主的绩效评估工作，省委、省政府每年都公开承诺为民办好8件实事，并由人事部门牵头组织考核评估。这8件实事，无一不是关注民生、关注弱势群体、关注社会的公益事业。通过对每年实施的8件实事落实情况的考核和评估，让老百姓得到实实在在的好处，这是整个湖南省省委省政府开展绩效评估工作的出发点。2008年3月，湖南省召开“全省为民办8件实事先进集体和先进个人”表彰大会，城镇廉租住房42.14万平方米，新增通电话自然村1139个，新建农村沼气池15.66万口……湖南省8件实事考核办宣布，2007年初省委、省政府承诺为老百姓办的8件实事已经全部得到落实。在23个考核指标中，包括建成县到乡镇公路、建成乡镇到村水泥（沥青）路、新建农村沼气池等14个指标超额完成了任务；另外，洞庭湖区畅通工程桥梁建设、农村“乡乡能上网”信息化工程等9个指标也100%完成了任务。[①]

2009年共有14个市州和24个省政府工作部门纳入绩效评估范围，评估结果显示，各级各部门较好地完成了各项绩效指标任务，为民办实事的34项目标任务全面完成，人民群众对政府工作比较满意。时任代理省长徐守盛指出，开展政府绩效评估，是深化行政管理体制改革、加强政府自身建设的重要内容和重要抓手，是提高行政效能、促进科学发展、富民强省的重大举措。政府绩效评估开展一年多来，被评估单位均较好地完成了绩效指标任务，有力促进了政府各方面工作，人民群众最关心、最直接、最

---

① 唐湘岳、江静：《湖南推进为民办实事工程 新增通电话自然村1139个》，《光明日报》2008年04月03日。

现实的利益问题得到有效解决。[①] 2013 年，共有 14 个市州和 33 个省直责任单位纳入为民办实事考核范围，共同完成 21 项考核指标。

二　以科学评估为主要手段

明确科学导向，坚持科学执政，以科学评估为政府公信力建设的主要思路指引。一是政府公信力评估必须遵循科学规律。政府公信力评估要结合中国实际，不断探索和遵循执政规律、社会主义建设规律、人类社会发展规律和社会主义和谐社会建设的规律，以科学的思想、科学的制度、科学的方法推进政府公信力的建设。一个管理混乱、无序、盲目、低效的政府不可能领导民众谋取最大的利益，政府执政的科学化水平，将影响到公众对政府值得信赖程度的认同。因此，政府公信力评估必须充分认识政府工作的特点，不断提高评估意识；正确了解和把握执政规律，不断提高评估水平；建立科学合理的决策机制，不断提高评估水平。

二是要贯彻落实科学的发展观和正确的政绩观，以推进科学的公信力评估。第一，政府公信力评估体系的制定本身要科学。要全面、系统地考评政府公信力的建设状况，既要涉及经济发展层面，又要有社会发展层面；既要考虑到当前，又要着眼于长远的绩效。从而努力做到坚持统筹城乡发展、统筹区域发展、统筹经济社会发展、统筹人与自然和谐发展、统筹国内发展与改革开放。第二，将

① 唐婷：《徐守盛：以绩效评估全面促进“四化两型”建设》，《湖南日报》2010 年 8 月 21 日。

民众满意作为政府公信力评估的一个重要的标准，让人民群众充分地参与到政府公信力评估中。比如说民众对公共事业的建设（教育事业发展、公共卫生事业发展、基础交通事业发展等）中政府公信力的评估。政府对于教育事业发展的投入和管理中，学前教育的投入严重不足，公办幼儿园数量偏低。例如，截至 2013 年年底，长沙市有公办幼儿园 294 所，[①] 大概只占总园所的 22% 左右；截至 2013 年年底，广州市 1500 多所幼儿园，公办园只占到 32.6%[②]；这还是在教育资源比较集中的大城市，其他城市和农村地区的情况就更加不能令人满意。这造成当前幼儿园教育成为民众的一个沉重负担，一个孩子上幼儿园的花费已经堪比甚至超过一个大学生的学费，孩子“上得起小学，上得起中学，却上不起幼儿园”。教育活动中出现的教育乱收费现象、教育资源分配不公平现象等都让民众感到不满意，使政府的公信力信任程度不高。政府对公共卫生事业的投入和管理中，政府要改进绩效，增加投入和推行医疗制度改革，看投入之后的最终的效益如何，从而解决老百姓就医难、看病贵的问题。中国抗癌药海外代购第一人被诉引起社会广泛关注，其中的“天价”治癌药“格列卫”在舆论声讨和政府部门的介入之下，终于大幅降价了。2015 年 2 月 4 日，浙江省人力资源和社会保障厅正式发布通告，将格列卫等 15 种药品纳入大病医疗保险支付范围，其中包括多种治疗癌症的药物；同时平均药价降低了 19.27%，药价直接降幅最大达到 54%，这将大大

① 岳霞：《长沙 3 年新增 115 所公办幼儿园 小区配套不再姓“贵”》，《长沙晚报》2014 年 12 月 23 日。

② 张林、许静：《幼儿园保教费》，《羊城晚报》2014 年 11 月 21 日。

降低病患者的负担。正是政府的积极作为，目前，广东、海南、福建、新疆、陕西、河南、江苏等多地也将格列卫纳入医保，推动药品降价和进入医保，这才是符合民众满意的评估标准的。

三　走出传统管制型政府的困局

传统管制型政府陷入政府规模膨胀、政府职能无限、政府“衙门”作风的困局，这些都是民众对政府行为不满意、不信任的原因。当代中国政府公信力评估的开展就必须营造良好的观念氛围，要走出传统管制型政府理念的束缚。

首先，要走出政府规模膨胀的怪圈。从本质上说，政府存在的目的是为了追求和实现公共利益，增进民众的福祉。但长期以来，政府规模就一直处于非理性的膨胀当中，庞大的政府规模及其巨大的成本消耗已成为社会的负担。三公消费，即公款吃喝、公务用车和公务出国，占全年财政收入的比例在增加，导致政府公信力的下降。据专家估计，近年来，全国三公消费总额突破了9000亿元，相当于2012年全年财政收入的10%。[①] 越来越庞大的三公消费支出引发民众的不满，这样的数字带给民众最大的感受就是不可思议、无法接受，从而影响和伤害政府威信。现实中的政府也是一个相对的独立物，它一经产生，就有了自我发育、自我成长的要求，就有了不断扩大、不断膨胀的可能性，而这种可能性向现实性的转化是根源于

① 徐乐静：《我国三公消费突破9000亿　相当2012年财政收入的10%》，http：//news. xinhuanet. com/yzyd/local/20130325/c_ 115139568. htm。

它所掌握的公共权力。[①] 但是这一种膨胀导致的结果就是成为社会批评的把柄。归结到社会心理角度的话，政府规模问题之所以引起广泛关注，实际上表明了民众对改善政府的一种期待，因此，我们必须走出政府规模膨胀的怪圈。

其次，政府职能范围的合理控制。政府的权力是有限的，政府的能力也是有限的，这就决定了政府的职能也应该是有限的。政府只有在其合理的职能范围内才能发挥其最大的功效。政府必须摘掉传统管制型时期的“全能政府”“无限政府”的称号，明确自己的定位，合理控制政府职能范围。当前推行的大部制改革正推动政府职能的科学转变。在大部制改革的过程中，按政府综合管理职能合并政府部门，组成超级大部的政府组织体制，把多种内容有联系的事务交由一个部管辖，例如，工业和信息化部就含括了国防科工委、信息产业部、国务院信息化工作办公室、国家烟草专卖局和国家国防科技工业局；交通运输部含括了交通部、民航总局、国家邮政局和国家民用航空局。大部制的目的在于推进政府事务综合管理与协调，合理调控政府职能范围，从而最大限度地避免政府职能交叉、政出多门、多头管理，提高政府绩效。同时，以行政审批制度改革为突破口，大力简政放权，从2013年到2014年8月，一年多来，国务院先后取消和下放7批共632项行政审批等事项；修订了政府核准的投资项目目录，需报国务院部门核准的企业投资项目减少60%左右

① 张康之:《限制政府规模的理念》,《行政论坛》2000年第4期。

等。[1] 各级政府也随之取消了一大批行政审批事项等，这样有助于提升民众对于政府承担职能的认同，从而提升民众对政府的信任度。

"服务"替换"管制"。管制型政府就控制而言应该是颇为理想的组织形式，但在管理方面却不一定如此，等级制结构行动起来显得迟钝。而且由于管制型政府容易形成的官僚作风、衙门行为，是一种极不受民众欢迎的社会组织形式。人们越来越认为，官僚制的方法必然造成工作无起色和效率低下，如果必须由政府从事某些活动，也需要寻求官僚制之外的其他组织方法。[2] 随着社会民主化的发展，人们越来越认识到"政府管理的本质不是管制而是服务"，因此政府公信力评估要以民众为中心，以民众的满意度为政府绩效这个"终极标准"为导向，"服务"替换"管制"。

四　建立和完善诚信宣传教育机制

诚信教育是思想道德教育的重要内容，培养诚信意识，塑造诚信美德，是当前要抓的一项重要工作。在市场经济条件下，我们一方面要依赖法律的硬约束，同时也离不开道德的软约束，因为如果全民具有强烈的诚信意识，将个人的人格信誉视为生命，败德行为将会减少，信用风险就可降低，交易成本也将大幅下降。因此，我们必须在全社会建立和完善诚信宣传教育机制。

---

① 杨晶：《国务院关于深化行政审批制度改革加快政府职能转变工作情况的报告》，http：//www. npc. gov. cn/npc/xinwen/2014—08/28/content_ 1875923. htm。

② ［澳］欧文·E. 休斯：《公共管理导论》，彭和平译，中国人民大学出版社 2001 年版，第 11 页。

要开展形式多样的诚信宣传活动。认真贯彻2001年发布的《公民道德建设实施纲要》和中宣部等联合发布的《关于开展社会诚信宣传教育工作的意见》，充分发挥新闻媒体的舆论导向作用，利用电视、广播、信息网络等新闻媒体，广泛开展内容丰富、形式多样的诚信教育，大力宣传政府公信力建设的重要意义，让全社会充分认识到失信行为对社会的危害，自觉树立维护信用行为的社会风尚，弘扬中华民族诚实守信的传统美德，为建立社会信用体系提供社会自律机制。同时，要认真践行2013年中共中央办公厅印发的《关于培育和践行社会主义核心价值观的意见》，广泛开展道德实践活动。以诚信建设为重点，加强社会公德、职业道德、家庭美德、个人品德教育，形成修身律己、崇德向善、礼让宽容的道德风尚。加强政务诚信、商务诚信、社会诚信和司法公信建设，开展道德领域突出问题专项教育和治理，完善企业和个人信用记录，健全覆盖全社会的诚信系统，加大对失信行为的约束和惩戒力度，在全社会广泛形成守信光荣、失信可耻的氛围。

要建立诚信教育与培训制度。要把普及信用知识、增强信用观念纳入思想道德和法制教育、培训的范围，加强公务员、企业界人士、城乡居民和广大在校学生等各个层面人员的诚信教育，弘扬诚信文化，培育诚信理念，教育全体社会成员牢固树立诚信守法意识，重视社会对自身的信用评价，增强对各类失信行为的防范意识和自我保护能力。

要重视发展诚信专业教育。加强对政府公信力建设的理论研究，确保公信力建设理论指导的正确性，对传统诚信观念进行去粗存精、辨伪求真，与时俱进地发展社会主义的诚信观，构建社会主义和谐社会健康向上的诚信文化。有条件的大专院校要组织力量编写现代诚信知识的普及性教材，开设政府公信力研究课程，加强相关专业人才的培养，促进诚信管理水平的提高。

第二节　完善政策法规:当代中国政府公信力建设的制度供给

制度供给是为规范人们的行为而提供的法律、伦理或经济的准则或规则。制度天生的外部性使制度安排被看作是一种“公共产品”，需要外部的供给，也就是不断的制定与调整。一定制度维持下的政府行为将获得持续的增长与活力，这种持续的增长与活力需要制度的不断调整和完善。政府行为要想保持持续的增长与活力，必须不断进行制度供给，提供足够的制度资源以适应需要。政策法规建设是当代中国政府公信力建设的重要制度保障，因此，我们必须对现有的政策法规进行调整与完善。

一　以政府合法化和科学化建设为支点

要树立宪政导向。宪政导向是一种以现代宪法和法治精神为基础的民众与政府之间相互追求体谅和共识的导向，有利于政府规范地行使手中的权力，使其不会侵犯到公众的权益。政府在宪政导向的引导下，通过维护公众的根本利益来构建其诚信形象。英国政治学家戴维·赫尔德在《民主的模式》中指出，法律的作用在于使政府的强制权力只能够被用在实现由法律规定的事情以内，并按照可以知道的方法行使。“天下之事不难于立法而难于法之执行”，我们应建立违宪审查制度，对政府违反宪法的政策、决定、行为依法予以纠正；坚持在宪法的范围内活动，带头维护宪法权威。

要坚持依法执政。2014年10月，党的十八届四中全会明确提出建设中国特色社会主义法治体系，建设社会主义法治国家，全面推进依法治国。习近平总书记也指出："全面建成小康社会、实现中华民族伟大复兴的中国梦，全面深化改革、完善和发展中国特色社会主义制度，提高党的执政能力和执政水平，必须全面推进依法治国。"[①] 依法执政就是政府要坚持依法治国的基本方略，领导民众制定法律，自觉带头遵守法律，采取措施保证法律的实施，不断推进国家经济、政治、文化、社会生活的法制化，从制度上、法律上保证党的路线方针政策的贯彻实施。法治化程度高不高，多大程度上能为实现政府执政为民提供法治保障，关键在于能不能真正履行依法治国的基本方略。因此，政府的路线、方针、政策，要通过法制途径、法定程序上升为国家意志，成为整个社会的行为规范和准则；政府及其公务员要牢固树立法制观念，坚持在法律的范围内活动，带头维护法律权威；并且，在执政活动的进行过程中，我们必须做到有法可依、有法必依、执法必严、违法必究，为政府公信力建设奠定更加坚实的法治基础。

建立科学合理的政府决策机制。提升政府公信力，必须通过制度创新，实现政府决策制度的科学化。其一，对政府决策制定、变更、废止的权限、程序等作出严格的规定，并形成有效的约束机制，从根本上遏制政府规制无

① 《中共中央关于全面推进依法治国若干重大问题的决定》，《人民日报》2014年10月29日。

度，随意制定违背宪法、法律和上级政府政策规定的错误现象。其二，建立健全政府决策的制度保障机制。根据多年来政府决策制定实施的经验和教训来规范决策制度；建立政府决策实施反馈机制，使政府能及时发现并解决决策中存在的漏洞、缺陷。

二　强化政府行为的行政监督与问责制度

孟德斯鸠说过，一切有权力的人都容易滥用权力，这是万古不易的一条经验，有权力的人们使用权力一直到有界限的地方才休止。监督意味着一种权力对另一种权力的控制和约束，健全有效的行政监督机制，能及时制止和纠正政府失信行为。在明确政府及政府公务员诚信责任的基础上，完善行政监督机制，将大大减少政府工作中“拍脑袋决策，拍胸脯保证，拍屁股走人”的现象。

完善行政监督机制。政府权力必须受到立法和司法的监督，以确保政府责任的忠实履行。从制度上充分保障人大行使监督职能的独立职权，加强各级人大对政府诚信制度的合法与合理性的监督，完善对政府及其公务员的非诚信行为的约束与监督，建立科学合理的检查、评估和任用制度，对政府和公务员行政全过程实施监督；完善和健全政府公信力的司法监督，通过法律手段对政府失信的运行程序展开合法性监督，从源头上遏制违法决策，对造成重大后果的政府失信行为予以法律追究。

建立和完善公务员行政诚信等级评议机制。对每个公务员在行使政府职权的过程中是否恪守诚信作出评议，并建立国家公务员信用档案，作为其日后职务升降的重要依据。这样将有利于政府公务员形成良好的守信习惯，提高其诚信意识。并通过目标管理，在政府部门内部细化责任目标，对责任目标尽可能量化，使对目标执行者的考核能够在尽可能客观的基础上进行。

进一步完善行政问责制度。要求对政府一切行为及其后果都必须和能够追求责任，要求政府部门和公务员对已得到的客观评价的结果负责。对于政府及其公务员失信的事件，在分清诚信责任的基础上，追究相关政府及其公务员的责任。在现实实践中，我们发现在以往的行政问责制度中，主要涉及党政领导干部的问责，而对非领导干部的问责并未涉及；主要涉及程序违规行为的问责，对实体行为违规的情况则涉及很少。这说明行政问责制度覆盖不够全面，还不能充分发挥其监督促进作用。从2010年9月1日开始实施的《长沙市行政问责办法》（以下简称《办法》）弥补了这个不足，该《办法》规定长沙市行政机关及其公务员和行政机关任命的其他人员，因故意或重大过失，实施了违法或不当行政行为，影响行政管理秩序，或因不履行或不正确履行法定职责，损害国家利益、公共利益或者行政管理相对人合法权益，造成较大损失或者不良影响的，依照该办法进行问责。而拒绝、放弃、推诿、不完全履行职责，无合法依据以及不依照规定程序、权限和时限履行职责等情形也被纳入问责范围。① 因此，可以说《长沙市行政问责办法》在内容方面对所有违法和不当的行政行为及不履行或不正确履行法定职责的情形都作出系统、全面的问责规定，填补了空白。在问责对象方面，既

① 赵晶：《长沙市行政问责办法1日起实施 拍脑袋决策要问责》，《潇湘晨报》2010年9月1日。

包括对领导干部的问责，也包括对非领导干部的问责，扩大了问责范围。行政问责力度的进一步加强，将有利于提升政府公信力。

加强和完善民主监督和舆论监督势在必行。充分发挥政协的民主监督作用，建立并完善群众监督机制，增加政府管理中办事人员、办事程序、办事准则、办事结果的透明度，扩大和细化政务公开的项目，接受群众对政府行政失信行为的投诉，保证群众的监督权力，用法律形式把群众对政府的监督固定下来；强化和完善媒体的监督，加强新闻舆论监督力度，发挥媒体宣传广泛、传播高效、成本经济的监督优势，对政府一些重点部门和单位不讲诚信的情况给予公开曝光，及时纠正政府的失信行为，还社会一个公开、公平、公正的环境。

三 加速当代政府公信力法律法规的建设

建设法治、服务、高效、有为的人民满意政府是政府公信力提升的保障，其中很重要的一点就是加快有利于提升政府公信力的相关法律法规的建设，坚持把加强政府法制工作作为政府自身建设的重中之重去推进和落实。美国在 1978 年就通过了《美国政府行为伦理法》，1992 年又颁布了操作性更强的《美国行政部门雇员伦理行为准则》；在英国颁布了《荣誉法典》；在日本颁布了《日本国家公务员伦理法》《官员服务纪律》，通过相关诚信立法推动公务员的行政伦理建设，促使公务人员形成良好的道德修养，使诚信成为公务人员的最基本义务和行政观念。同时通过各种形式的宣传教育，逐步增强政府公务员的诚信观念、诚信意识，提高其诚信道德水平，从而提升政府公信力。

目前与我国政府公信力建设相关的法律法规还较为缺乏，但通过相关法律法规改善政府行为从而提升政府在民众中的信任地位的地方实践还是不乏亮点。例如，2008年10月1日开始实施的《湖南省行政程序规定》，共10章178条，以“民众享有更多程序权利，政府承担更多权利义务”为立法思路，对行政权力运行的程序加以规定，进而对权力运行进行制约，贯穿了公开、参与、高效便民、信赖保护这四大原则。2010年4月17日开始实施的《湖南省规范行政裁量权办法》（以下简称《办法》)，就是为了规范行政行为，防止权力滥用，尽力减少行政执法的随意性，尽量杜绝行政权力的异化，从而“让权力在阳光下运行”。该《办法》共12章72条，它针对不合理行政行为现象多发领域，采取控制源头、建立规则、完善程序、制定基准、发布案例“五个基本制度”，重点对行政审批、行政确认、行政处罚等八类行政行为的裁量权进行了全面、系统的规范。我们在努力推进有利于政府公信力建设的相关法律法规实践时，应强化政府诚信教育的重点在于政府及其公务员树立正确的权力观、责任观、政绩观。并应该努力推动我国政府公务员的《诚信法》的制定与颁布，为政府公信力的建设提供强有力的法律支撑。

第三节　优化治理结构：当代中国政府公信力评估的组织保障

当代治理理论兴起的一个重要背景就是政府管理出

现了危机，暴露出诸多问题，治理理论致力于促使政府跳出管理困境，提高管理绩效。治理结构的完善是治理理论实践于政府活动的保证，更是当代中国政府公信力评估的组织保障。要从根本上铲除政府不诚信行为的土壤，建设好政府公信力，必须切实改善治理结构，以民众绩效评估参与的制度化与规范化、当代中国政府公信力评估组织机构建设、非政府组织参与当代中国政府公信力评估活动为重点来为当代中国政府公信力评估提供组织保障。

一　民众参与政府公信力评估的制度化与规范化

民众参与机制是政府公信力评估建设不可缺少的部分。政府的治理过程，不仅仅是政府自主性的扩张和能力的展现过程，更重要的是，它是政府与社会、政府与公众之间的互动过程。只有当民众与政府之间建立起一种良性的参与机制时，逐步实现制度化与规范化，民众才可能最大程度上感受和认同政府的公信力。

科学规范民众参与机制实施的程序。程序是否规范直接影响到民众参与实现的质量和可操作性。民众参与政府公信力评估是由一系列有机结合、协作互动的环节和步骤组成的动态行为过程，程序是否规范直接影响到民众参与评估的质量。如益阳市为推出“群众测评地方政府机关工作作风活动”，就对从设计考核方案、宣传发动、群众测评到最终结果统计等一些过程和细节都进行了反复推敲。如测评方式的确定、群众评议的权重和比例选取、考评分数的设置、测评的监督和纪律约束、违规行为的处罚以及问卷回收、统计的软件和电脑配置等都进行了具体的安排。[①] 具体的参与程序见第五章的内容。

提供民众参与表达实施的途径。政府应为民众参与公信力评估搭建直接或间接的多元参与渠道，进一步激发民众参与的积极性和活力。民众参与政府公信力评估的途径或形式有多种具体类型，主要途径有：[②] （1）公开听证（Public Hearing）。在政府公信力评估的过程中，邀请民意代表或一般民众，进行公开探讨和论证，以广泛听取社会民众的意见，从而保证评估更符合民意，更符合民众的利益。（2）民意调查（Polls）。民意反映了民众对地方政府的期待，是构成责任政府的基础。民意调查则主要是运用访问、问卷调查等形式，获取或了解民众对政府公信力状况的意见和建议。（3）民众咨询委员会（Citizen Advisory Committees）。民众咨询委员会是民众就特定的政策议题，有组织地参与政府政策制定过程的方式。（4）网上评议。互联网络的发展，为民众参与评估开辟了新的途径，使民众可以在任何时间、任何地方对政府公信力建设发表自己的看法，表达自己的意愿。（5）民众满意度测评。民众满意度测评是在新公共管理运动中，政府组织及公营部门倡导全面质量管理的背景下兴起的一种民众参与形式。我们可以在政府公信力评估的过程中发动民众采取各种合适的途径参与到活动中来。

进一步提高民众参与评估的素质和能力，使民众能更好地发挥其参与评估的功效，更好地维护自身权益。我们

① 《益阳：群众民主评议地方政府引发震荡》，http：//www.hn.xihuanet.com/xihua/2004—04/21/content_ 2065739.htm。

② 彭国甫：《地方政府绩效评估研究》，湖南人民出版社2005年版，第228页。

要努力提高民众的整体文化素质和专业素质，一是扩大对政府公信力评估的宣传，如通过电视、广播、报纸、杂志等媒体进行宣传，使民众对政府公信力评估有个清楚的了解和认识，并获取一些基本的评估知识和技术，从而具备参与评估的基本能力。二是积极开展民众参与评估的活动。必须定期、持续地开展民众评估政府公信力的活动，实践的磨练将让民众不断提高其参与评估的能力。三是设立专门的机构对民众参与评估的能力进行培训。民众参与绩效评估的程度越深，帮助他们发展参与评估的能力就越重要。因此，必须设立专门的机构，为民众提供绩效评估所需要的培训和支持。我们可以充分利用相关科研院所的力量进行培训工作，例如人力资源和社会保障部直属事业单位中国人事科学研究院就是一个政府绩效管理、绩效考核制度设计研究的机构。湖南政府绩效评估研究中心是经湖南省编制委员会办公室批准成立的，设立在湘潭大学的一个集政府绩效评估学术研究、咨询服务、人才培养于一体的多功能的中介性学术机构，也很好地发挥了研究、咨询和培训的功能。

二　强化政府及其公务员参与公信力评估的激励机制

每个政府及其公务员都具有自身特定的利益要求，只要这种要求不超出公众付出的合法代价，就应该受到肯定和认可。亚当·斯密说过："一个人如果常常和别人做生意上的往来，他就不盼望从一件交易契约来图非分的得利，而宁可在各次交易中诚实守约。一个懂得自己真正利益所在的人，宁愿牺牲一点应得的权利，而不愿启人疑窦。……在大部分人民都是商人的时候，他们总会使诚信和守时成为风尚。”[①] 商人在注重自己真正利益时可以诚信，关注政府及其公务员的利益，构建科学的公务员奖惩机制，无疑有利于鼓励公务员讲诚信、守诚信。根据激励原理，只要公众代理人切实履行契约就能得到相应的回报，这种回报应该能够对公众代理人的正面行为产生激励效果，使其主观能动性和创造性得到充分发挥。例如，制定激励契约，采取绩效工资制可以有效激励个人，实现个体利益与共同利益的同时增强。[②] 通过奖励机制的正激励力量来鼓励政府及其公务员积极地投入到诚信建设中去，通过惩罚机制的负激励力量来使政府及其公务员规避失信行为，让守信者得益，失信者受损，促进政府公信力的建设。

在政府公信力建设过程中，如果能对政府及其公务员的诚信行为以及因为诚信行为而获得的优异政绩进行肯定和奖励，就能为政府公信力建设提供一种激励力量。因此，必须注重物质激励与精神激励相结合，满足政府及其公务员的正当需求，为政府诚信建设提供持久的激励动力。一方面，我们要细化政府公务员的责权、录用、考核、晋升和奖惩标准，通过引入公开化、民主化的竞争机制，克服“数字出官”“背景出官”“金钱出官”的现象。加大公务员选拔任用制度的创新力度，通过推广竞聘制、完善选举制、试行竞选制，有效地形成政府公务员对公众负责的约束机制。另一方面，我们要实现对政府公务人员

① ［英］坎南编著：《亚当·斯密关于法律、警察、岁入及军备的演讲》，陈福生、陈振骅译，商务印书馆 1962 年版，第 261 页。

② 颜佳华、易成志：《走向一种理论范式的新公共管理——兼论对当代中国公共行政改革的启示》，《公共管理高层论坛》2008 年第 1 期。

的科学管理，减少人情因素的影响。通过建立客观、规范的岗位责任制、服务承诺制、首问责任制、限时办结制、行政过错追究制，形成既恪守诚信又符合公务员自身利益的激励结构，从根本上提高行政效能。

三　非政府组织参与政府公信力评估活动

加大非政府组织对政府公信力建设的监督力度。非政府组织介入评议政府、评议官员，形成对政府公信力建设的重要外部监督主体，正日益发展壮大。我国非政府组织的活动范围已涉及环境保护、扶贫开发、权益保护、社会福利、社区服务、公益信托、经济中介、慈善救济、医疗卫生、教育科研、文化艺术、国际交流等越来越多的公共或准公共领域。[①] 但由于目前我国非政府组织大多仍是政府主导型，自身建设的不成熟、不规范，使其缺乏对政府行为监督的意识，其监督作用显得非常有限。对此，首先，应加快我国非政府组织独立地位的确立，使其能成为真正独立的政府外部实体，发挥外部监督主体的作用。例如成立于1988年的广州社情民意研究中心，是专门从事社情民意调查的独立机构，中心成立伊始就决定了中心的非官方属性。中心实行“人员自聘、活动自理、经费自筹”的组织运作模式，以“让政府了解民众，让民众了解政府”为宗旨，是一家真正独立的政府外部实体。

其次，应推动我国非政府组织的成熟化、规范化发

① 王名：《清华发展研究报告2003：中国非政府公共部门》，清华大学出版社2003年版，第8页。

展，使其能成为真正具备监督能力的主体。发展以信用征集、评估、担保和管理咨询为主要内容的社会信用服务业，建立和完善科学、规范、公正、权威的企业和个人信用评估体系，开展企业信用等级评估、综合信用报告及专项信用报告服务。规范发展信用调查、征信、咨询等信用中介组织和服务机构，完善信用评价标准和指标体系，带动信用服务业发展。加快信用担保体系建设，构建以中小企业为主要服务对象，以商业性担保机构为主体，以政策性、互助性或会员制担保机构为补充，功能完善、运作规范的信用担保体系。发起成立信用服务行业协会，开展行业服务、行业自律、产品和服务标准制定等工作。

最后，应落实和强化非政府组织监督行为的责任意识，限制政府在追求自身利益最大化过程中失信行为的产生。加强信用服务行业自律。拟订行业自律规范，推行信用服务行业诚信服务承诺，公开服务内容、服务规范等事项，接受社会监督，不断提高信用服务行业的整体素质。

第四节 加强信息公开：当代中国政府公信力建设的技术支撑

杞人不忧天，忧信息不公开，政府与民众之间的信息不对称让古语“谣言止于智者”变得有些苍白无力。因为没有信息公开的支撑，“智者”也不可能作出准确的判断。正如美国行政伦理学家库珀（P. Cooper）所指出的：“一个民有的政府如果没有广泛的信息通道，或者民众没有得到这些信息的方法，那么，这个政府只能是一场闹剧或悲剧或者二者兼而有之的结果。"[①]当代中国政府公信力建设必须以坚实的信息公开基础为保障，才有可能在一个真实、客观的信息环境之中进行科学、公正的评估。

一　进一步落实《中华人民共和国政府信息公开条例》

2008年5月1日，《中华人民共和国政府信息公开条例》（以下简称《政府信息公开条例》）正式施行。《政府信息公开条例》在设计的时候，就已经提供了"双引擎"动力装置——主动公开和依申请公开。[②]民众不仅仅是被动的信息消费者，也是主动的信息参与者。但在已经实施的两年多时间里，政府对于信息公开工作的推进和落实并不尽如人意，一是很多政府机关要求公众说明获取政府信息的用途和目的，给申请公开设置了过高门槛；二是一些政府机关工作人员的公开意识还很薄弱，信息工作能力也有待提高；三是一些人甚至对政府信息公开工作心存畏惧，生怕触动自身的"利益"，还难以适应"权力在阳光下运行"的工作状态。我们要进一步提升政府公信力，就必须进一步落实《中华人民共和国政府信息公开条例》。

持续完善政府信息公开工作机制。我们要以贯彻落实《政府信息公开条例》为契机，建立并完善与之相关的《政府依申请公开工作制度》《政府信息公开保密工作制度》《政府信息公开工作考核办法》，使之更符合实际工作需要。同时，各级政府通过制度建设，进一步明确政府

① Coopor. *Public Administration*. 2nd Edition. Englewood Cliffs: Prentice Hall, Inc., 1989, p. 311.

② 《政府信息公开条例实施两年　供需矛盾亟待解决》，《人民日报》2010年5月13日。

信息公开的工作职责、程序标准和主要内容，规范公开政府信息的收集、审查、发布程序；明确分管领导、责任机构和联系人，各级政府均应成立政府信息公开工作领导机构。

不断拓宽政府信息公开渠道。为了让民众更便捷地获取和利用公共信息，在充分发挥政府网站在信息公开中的平台作用的同时，各级政务服务中心和相关信息服务机构均要求设置政府信息公开查阅点供公众方便查阅信息，及时公布办事流程和办理进度情况。同时，进一步加强新闻发言人制度建设，要以主动做好重要政策法规解读、妥善回应公众质疑、及时澄清不实传言、权威发布重大突发事件信息为重点，切实加强政府新闻发言人制度建设，提升新闻发言人的履职能力，完善新闻发言人工作各项流程，建立重要政府信息及热点问题定期有序发布机制，让政府信息发布成为制度性安排。[①] 此外，加强其他公开渠道建设，除利用电视、广播、报纸等传统媒体外，各级各有关部门应积极探索利用政务微博、微信等新媒体，及时发布各类权威政务信息，并充分利用新媒体的互动功能，以及时、便捷的方式与公众进行互动交流。

逐步完善政府公共信息公开的立法。目前的《中华人民共和国政府信息公开条例》法律层次尚低，会对政府信息公开的推行、实施力度产生一定的影响。我们要努力建设《中华人民共和国政府信息公开法》，并以该法为基础，完善一系列地方法规和部门规章，构建关于政府信息公开

---

① 《国务院办公厅：关于进一步加强政府信息公开回应社会关切提升政府公信力的意见》，http：//politics. people. com. cn/n/203/1015/c1001 - 23204203. html。

的完整法律体系，用法律来约束、规范各级政府履行公共信息公开的法定义务，保障公民知情权的实现。并调整《信息公开法》与其他相关法律，包括《保密法》《档案法》等涉及隐私权法律法规等的兼容性。建立完善配套的政府信息法律体系对政府信息公开进程、政府公信力建设必将起到推动作用。

二　建立政府公信力信息管理系统

充分利用电子政务网络，整合分散在各部门、各行业、各方面的政府公信力信息资源，建立统一的、综合性的政府公信力评估信息管理系统，实现评估信息共享。各级行政管理部门、司法机关、公共服务机构和行业组织在行使公共管理、提供公共服务或行业服务的过程中，全面、准确、及时地记录自身守信践约情况，实行归档管理，并做好相关数据存储、维护和更新工作。例如，湖南正在加强以“三库一网一平台”为核心的“湖南省信用信息系统”建设。“三库”，即以人民银行征信系统为基础的企业和个人信用信息数据库，主要为信贷决策和信用交易服务；以工商部门“金信工程”为依托的企业基础信息数据库，主要为核查企业真实身份、为政府部门监管信息共享提供服务；以公安部门为依托的公民基础信息数据库，主要为个人真实身份核查提供服务。“一网”，即湖南信用网。“一平台”，即以省政府外网平台为基础搭建的信用信息数据交换平台。依据《湖南省信用信息系统信用信息分级查询目录》的规定，按社会公开、部门共享、授权使用的分级管理要求，向不同需求层次的用户提供完善的信用信息服务，将积极推进社会信用信息共享服务，推动湖南省信用信息系统将相关信用信息以协议、有偿方式向信用服务机构公开，形成固定有效的信用信息流通、使用通道。

结论与展望

本书研究基于这几年笔者一直关注的政府公信力建设研究和长期以来进行的政府绩效评估研究。我们深刻地感受到，在现代社会，利益格局更趋多元，思想观念深刻变化，公众维护自身权益的意识和诉求更加强烈，政府面临的公共问题日益繁杂，更容易遭遇信任挑战。近年来的一些突发事件和群体性事件，也不时暴露了制度问题造成的公信力软肋。[①] 本书的研究是契合时代热点，也是符合政治经济社会发展需要的。

一　研究结论

本书以西方国家新公共管理运动和我国政府诚信水平提升为宏观背景，借鉴和学习西方国家以及我国政府绩效评估经验、实践和理论研究成果，研究了以政府绩效评估理论为指导的当代中国政府公信力建设与提升问题。本书分析了政府公信力与政府绩效评估基础理论，描述了当代中国政府公信力建设价值、标准、困境，指出了政府绩效评估与当代中国政府公信力建设的契合，构建了当代中国

① 《应把政府公信力构筑在法治基础上》，《人民日报》2011 年3 月3 日。

政府公信力评估体系，提出了当代中国政府公信力提升的绩效方略。通过理论分析和论证，得出了以下相关结论：

(一) 政府公信力建设是当代中国政府建设的当务之急

温家宝同志2011年2月27日在与网友在线交流时说："现在影响我们整个社会进步的，我以为最大的是两个方面。一是社会的诚信；一是政府的公信力。这两个方面解决好了，我们社会就会大大向前迈进一步。"① 正如李克强总理警告的那样，失去公信力以后，"人民就不会相信我们能把其他事情办好，我们的一切工作和努力都有可能付诸东流"。② 但是，在现实生活中存在如绪论中所提到的各种政府失信问题，又让我们不得不呼吁加强政府公信力建设，确保整个社会的健康稳定可持续发展。

(二) 政府绩效评估对于当代中国政府公信力建设有极大的推动作用

本书指出，以绩效评估来推进政府管理理念、体制、机制和方式方法的创新，切实提高管理质量，将有利于促进政府不断改进管理方式，提升管理能力，优化行政资源，降低行政成本，提高行政效率；有利于严肃行政纪律，强化监督机制，确保政令畅通；有利于充分听取人民群众对政府工作的意见，提高人民群众对政府的满意度，增强政府公信力。可以说政府绩效评估是一种有效推进政府公信力建设的战略管理工具。同时，政府绩效评估可以从理念层面和操作层面导引当代中国政府公信力建设，并

① 《提升政府公信力》，《人民日报》（海外版）2011年3月16日。

② 《国务院召开第一次廉政工作会议》，http://politics.people.com.cn/n/2013/0326/C/1024-20924458.html。

提升当代中国政府公信力建设的合法性。

（三）政府公信力评估体系是由评估主体、指标、程序以及在这些方面的制度安排组成的有机系统

本书描述了基于系统整合理论的政府公信力评估体系的系统功能，分析了评估主体选择、评估指标体系设计、评估流程塑造对于政府公信力建设的影响。本书从民众参与理论、评估主体多元化模式角度研究了评估主体选择，从和谐社会背景和科学发展观背景研究了评估指标体系设计，从标杆管理理论角度研究了评估流程塑造，从而形成了当代中国政府公信力评估体系的内容。

（四）通过从更新思想观念、完善政策法规、优化治理结构、加强信息公开方面着手绩效改善来促进当代中国政府公信力建设

本书指出当代政府公信力建设面临着政治生态损害、信息非对称、政府公信力治理结构的不完善引起的政府绩效低下，从而导致了政府公信力建设的困境。我们基于绩效评估的理念，从对应的角度进行破解，提出绩效提升方略，主要体现在四个方面。更新思想观念：当代中国政府公信力建设的理念塑造；完善政策法规：当代中国政府公信力建设的制度供给；优化治理结构：当代中国政府公信力评估的组织保障；加强信息公开：当代中国政府公信力建设的技术支撑。

二　进一步深入研究的方向

政府公信力研究是当代中国政府建设的热点，也是世界各国政府建设的热点，是一个亘古不变、持续永恒的研究主题。在下一阶段的研究中，我们可以结合当下党中央

深入推进反腐工作视角、中国特色治理理念视野的时代热点，从而深入推进政府公信力建设的研究工作。

（一）党中央深入推进反腐视野的研究

腐败是一种世界性公害，当前我国存在的易发多发腐败现象和依然严峻的反腐败斗争形势，让人民群众感到不满意，严重危害政府公信力的建设。党的十八大以来，中央出台了关于改进工作作风、密切联系群众的八项规定，要求别人做到的自己先要做到，要求别人不做的自己坚决不做，以良好党风带动政风民风。同时，开展了党的群众路线教育实践活动，集中解决形式主义、官僚主义、享乐主义和奢靡之风这“四风”问题。一系列政策的出台和落实，让社会同感清新风气，“白天会桌、晚上饭桌”的状况大有改观，“舌尖上的浪费”明显得到遏制，高档餐厅倒闭潮袭来，纷纷自救；茅台放弃公务群体，销量下跌；豪车市场降温，公务车消费得到遏制；高端礼品消费陷入寒冬等。[①] 中央本级“三公”经费财政拨款执行数也是连续三年出现下降，2010 年至 2013 年，这项支出分别为 94.7 亿元、93.64 亿元、80.95 亿元和 71.54 亿元。政府公务员感到，当官越来越不自在、日子越来越不好过了，“为官不易”逐渐成为常态。

同时，反腐力度和成效十分显著，不管是“大老虎”，还是“小苍蝇”，都逃不过反腐的利剑。2015 年 1 月 7 日，中央纪委集中晒出 2014 年度反腐“成绩单”：68 名中管干部已结案处理或正在立案审查，其中周永康、蒋洁敏、李东生、李崇禧、申维辰等涉嫌犯罪已被移送司法机

① 吴丕：《“八项规定”半年审视：根治公款滥用》，《人民论坛》2013 年第 6 期。

关依法处理；正在立案审查的还有令计划、苏荣等案件。31个省份和新疆生产建设兵团实现常规巡视全覆盖，超7万党员干部因违反中央“八项规定”精神被处理，海外追逃500多人，追赃30多亿元……一连串数字反映出中国高压惩治腐败的力度。

这一系列政策、活动的成效，为下一阶段政府加快自身作风建设注入了强大的活力和推动力，如何根据形势发展，不断健全预防与惩治腐败组织体制和工作机制，有效预防和打击腐败，把权力关进制度的笼子里，形成不敢腐的惩戒机制、不能腐的防范机制、不易腐的保障机制，将为政府公信力研究和建设提供更有力的政策支持和更有效的实践路径。

（二）中国特色治理理念视野的深入研究

治理是20世纪80年代以来，随着经济全球化浪潮和政府管理改革呼声而兴起的思想理念，它既是一种分析、反映社会发展变化状态的理论工具，也是一种力图促进、改善当代政治和政府管理模式的创新性实践活动。20世纪90年代，西方治理理论被介绍到国内，有一个理论中国化和实践中国化的过程。

党的十八届三中全会提出：“全面深化改革的总目标是完善和发展中国特色社会主义制度，推进国家治理体系和治理能力现代化。”党的十八届四中全会通过的《中共中央关于全面推进依法治国若干重大问题的决定》提出推进法治社会建设的重大任务，强调推进多层次多领域依法治理，提高社会治理法治化水平。习近平总书记指出，我们的国家治理体系和治理能力总体上是好的，是有独特优势的，是适应我国国情和发展要求的。我国今天的国家治理体系，是在我国历史传承、文化传统、经济社会发展的基础上长期发展、渐进改进、内生性演化的结果，不断学习他人的好东西，把他人的好东西化成我们自己的东西，这才能形成我们的民族特色。[①] 可以说，中国特色治理理念不是对西方治理理论的简单模仿、照搬，而是在中国特色社会主义制度内的融合发展。

当前，中国特色治理理念作为国家层面的施政理念提出，强调“国家治理”而非“国家管理”，强调“社会治理”而非“社会管理”，表明我们党和政府顺应经济社会高速转型发展的要求，对社会政治发展规律的认识不断深化，是一种重要执政思想观念的创新。核心思想是在党委领导、政府主导下，充分发挥社会多元主体力量，提升社会综合治理水平，维护好、实现好最广大人民的根本利益，努力增加社会和谐因素，激发社会发展活力。主要表现在：（1）治理的主体是多元主体，既包括了公共权力机构，也包括了市场、公民、社会组织等。从党的十六届四中全会“建立健全党委领导、政府负责、社会协同、公众参与的社会管理格局”，到党的十八大以来“加快形成党委领导、政府负责、社会协同、公众参与、法治保障的社会管理体制”，就是对治理需要多元主体参与的肯定。（2）治理要更好地发挥市场和社会组织的作用。党的十八届三中全会《中共中央关于全面深化改革若干重大问题的决定》（以下简称《决定》）提出：“经济体制改革是全面深化改革的重点，使市场在资源配置中起决定性作用。同

① 《坚定年度自信不是要固步自封》，http：//news. xinhuanet. com/Politics/2014 - 02/17/C - 119373758. html。

时，要加快实施政社分开，推进社会组织明确权责、依法自治、发挥作用。适合由社会组织提供的公共服务和解决的事项，交由社会组织承担。”[①]（3）治理强调多元主体间的互动与合作。党的十八届三中全会《决定》提出：“加强党委领导，发挥政府主导作用，鼓励和支持社会各方面参与，实现政府治理和社会自我调节、居民自治良性互动。”[②]（4）治理强调多元主体间综合治理的系统性、整体性、协同性。党的十八届三中全会《决定》提出：“坚持综合治理，强化道德约束，规范社会行为，调节利益关系，协调社会关系，解决社会问题。”[③]（5）治理强调多元主体利益维护。推进治理要维护好多元主体的利益，特别是广大人民群众的根本利益。党的十八届三中全会《决定》提出：“实现发展成果更多更公平惠及全体人民，必须加快社会事业改革，解决好人民最关心、最直接、最现实的利益问题，更好满足人民需求。”[④]

治理既是一种目标，也是一种工具，站在中国特色治理理念视野的高度，提升政府治理能力，推进国家治理体系和治理能力现代化，从而打造公信政府，对于当前中国的政治发展具有重大的理论和实践意义。

---

① 《中共中央关于全面深化改革若干重大问题的决定》，《人民日报》2013年11月16日。

② 同上。

③ 同上。

④ 同上。

附录一　政府诚信的构建路径

政府诚信是构筑和夯实全社会互帮互助、诚实守信，全体人民平等友爱、融洽相处的和谐大厦的核心价值理念和重要基础。党的十八大报告明确提出："创新行政管理方式，提高政府公信力和执行力"，"加强政务诚信、商务诚信、社会诚信和司法公信建设"。[①] 深化行政体制改革，坚持走中国特色社会主义政治发展道路，我们要认真审视和检讨政府诚信问题，让政府自身成为遵循诚实守信及信赖保护准则的示范者。

导向明确，夯实政府诚信之基础

"情为民所系，权为民所用，利为民所谋"是人本理念的一个重要价值取向，是实现政府诚信的思想基础。政府的权力是人民群众赋予的，它的权力只能是用来为人民服务的工具。政府的一切工作就是反映、表达、体现人民群众的利益要求，把群众的情绪当作第一信号，以维护好、实现好、发展好人民群众的根本利益为出发点和落脚

① 胡锦涛：《坚定不移沿着中国特色社会主义道路前进　为全面建成小康社会而奋斗》，《人民日报》2012 年 11 月 18 日。

点。这就要求政府一要脚踏实地工作，有诺必践，“不可侮人民之愚，不可恃政党之势”。自觉抵制劳民伤财的“形象工程”和“政绩工程”，靠自己求真务实的作风，在群众面前树起良好的诚信形象。二要明确科学导向。一个管理混乱、无序、盲目、低效的政府不可能获得公众的信赖，不可能践行对于公众的承诺。政府工作要结合中国实际不断探索和遵循执政规律、社会主义建设规律、人类社会发展规律和社会主义和谐社会建设的规律，以科学的思想、科学的制度、科学的方法领导中国特色社会主义事业，努力为国家实现经济持续健康发展、人民民主不断扩大、文化软实力显著增强、人民生活水平全面提高、资源节约型和环境友好型社会建设的目标保驾护航。三要走出传统困局。传统管制型政府陷入了政府规模膨胀、政府职能无限、政府“衙门”作风的困局，这些都是民众对政府行为不满意、不信任的原因。当代中国政府诚信建设就必须要走出传统管制型政府理念的束缚，实现政府职能范围的合理控制。

创新制度，健全政府诚信之机制

建设诚信政府，必须通过制度创新，实现政府决策制度的科学化、民主化。其一，对政府决策制定、变更、废止的权限、程序等作出严格的规定，并形成有效的约束机制，从根本上遏制政府规制无度，随意制定违背宪法、法律和上级政府政策规定的错误现象。其二，建立健全政府决策的制度保障机制。根据多年来政府决策制定实施的经验和教训来规范决策制度；建立政府决策实施反馈机制，使政府能及时发现并解决决策中存在的漏洞、缺陷。其三，建立诚信的行政监督与问责制度。孟德斯鸠说过，一切有权力的人都容易滥用权力，这是千百年来形成的一条经验，有权力的人使用权力一直到有界限的地方才休止。在明确政府及政府公务员诚信责任的基础上，完善行政监督机制，加强和完善民主监督与舆论监督，进一步完善行政问责制度。其四，建立诚信的政府及公务员参与激励机制。在政府诚信建设过程中，如果能对政府及其公务员的诚信行为以及因为诚信行为而获得的优异政绩进行肯定和奖励，就能为政府诚信建设提供一种激励力量。一方面，我们要细化政府公务员的责权、录用、考核、晋升和奖惩标准，引入公开化、民主化的竞争机制。另一方面，我们要通过建立客观、规范的岗位责任制、服务承诺制、首问责任制、限时办结制、行政过错追究制，形成既恪守诚信又符合公务员自身利益的激励结构，从根本上提高行政效能。

有序参与，完善政府诚信之保障

政府的治理过程，不仅仅是政府自主性的扩张和能力的展现过程，更重要的是，它是政府与社会、政府与公众之间的互动过程。只有当民众与政府之间建立起一种良性的参与机制，逐步实现制度化与规范化时，民众才可能在最大程度上感受和认同政府的公信力。一是科学规范民众参与机制实施的程序，提供民众参与表达实施的途径，提高民众参与评估的素质和能力，从而使民众能更好地发挥其参与评估的功效，更好地维护自身权益。二是当代中国政府诚信法律法规的建设。美国在1978年就通过了《美国政府行为伦理法》，1992年又颁布了操作性更强的《美国行政部门雇员伦理行为准则》；英国颁布了《荣誉法典》；日本颁布了《日本国家公务员伦理法》《官员服务纪律》。通过相关诚信立法推动公务员的行政伦理建设，促使公务人员形成良好的道德修养，使诚信成为公务人员的最基本义务和行政观念。我们应加速有利于提升政府诚信的相关法律、法规的建设，坚持把加强政府法制工作作为政府自身建设的重中之重去推进和落实。三是非政府组织参与当代中国政府诚信建设活动。由于目前我国非政府组织大多仍是政府主导型，自身建设的不成熟、不规范，使其缺乏对政府行为监督的意识，其监督作用显得非常有限。对此，首先，应加快我国非政府组织独立地位的确立，使其能成为真正独立于政府的外部实体，发挥外部监督主体的作用。其次，应推动我国非政府组织的成熟化、规范化发展，使其能成为真正具备监督能力的主体。最后，应落实和强化非政府组织监督行为的责任意识，限制政府在追求自身利益最大化过程中失信行为的产生。

（原文发表于《光明日报》2013 年 2 月 16 日）

附录二　现代公信政府的衡量标准

增强政府公信力，打造公信政府，是近年来党和政府高度重视又迫切推进的工作。《中共中央关于全面深化改革若干重大问题的决定》（以下简称《决定》）提出：“必须切实转变政府职能，深化行政体制改革，创新行政管理方式，增强政府公信力和执行力。”[①] 建设“切实取信于民”的现代公信政府时不我待。

管好自己的“手”

政府在市场经济中扮演了市场制度规则的主要提供者和监督执行者的角色，规则能否得到公众的认可并在社会经济活动中真正起作用，取决于政府的公信力。政府提供符合市场经济规律、值得信赖的稳定、透明的规则，并且保证其功能的实现，是市场经济健康发展的必然要求，也是完善和发展中国特色社会主义制度、推进国家治理体系和治理能力现代化的现实需要。但是在我国经济社会发展的历程中，政府常常既当“运动员”又当“裁判员”，干

---

① 《中共中央关于全面深化改革若干重大问题的决定》，《人民日报》2013年11月16日。

预过多和监管不到位，从某种意义上说，是政府没有管理好自己的“手”。《决定》提出经济体制改革是全面深化改革的重点，使市场在资源配置中起决定性作用和更好发挥政府作用。《决定》提出的这一明确要求，为现代公信政府建设提供了重要依据。当前管理好自己“手”的公信政府应努力做到：保持宏观经济稳定，加强和改善公共服务，优化公共产品供给和提高公共服务质量；加强市场监管，维护市场秩序，大幅度减少政府对资源的直接配置，保障公平竞争；把权力关进制度笼子，对政府权力“形成科学有效的权力制约和协调机制”。

创造实在的“绩”

政绩观主要是指政府及干部的政绩为谁而树、树什么样的政绩、靠什么树政绩，是人生观、价值观和世界观在领导干部中的根本体现，对干部执政行为具有十分重要的导向作用。在经济追求高速增长的发展期，一些地方政府和官员遵循“唯 GDP 论英雄”的观念，热衷于追求表面政绩，搞华而不实、劳民伤财的“形象工程”，损害了政府及干部队伍的形象。针对这些损害政府及干部形象的突出问题，《决定》明确提出要求，强调要完善发展成果考核评价体系，纠正单纯以经济增长速度评定政绩的倾向。遵循《决定》提出的这一重要原则，把握好正确政绩观的公信政府应努力做到，一是要全面、系统地进行政绩考核，既要考虑经济发展层面，又要考虑社会发展层面；既要考虑到当前绩效，又要着眼于长远的绩效；既要看到显绩，又要注重潜绩。二是要改进考核方法手段，加大对资源消耗、环境损害、产能过剩、新增债务等负指标的监控，更加重视劳动就业、居民收入、社会保障、人民健康状况等正指标的考核。三是将公众满意作为政府政绩考核的一个重要标准，让人民群众充分地参与到政府政绩考核中来。

协调多方的"利"

马克思说过，"人们奋斗所争取的一切，都同他们的利益有关。"在社会生活中，各种社会关系，归根到底是一种利益关系。各种关系矛盾，从根本上看是一种利益矛盾。政府要提升自己的公信力，就必须获得和提升多方利益主体对政府的信任度和满意度，这取决于政府满足多方利益主体利益诉求的程度。当前，在社会分层、主体多元化的趋势下，利益也趋于多元化，收入差距扩大，利益分配受损引起的不合理或非法行为增多，影响了政府的形象与权威。党的十八届三中全会提出实现发展成果更多更公平惠及全体人民，必须加快社会事业改革，解决好人民最关心、最直接、最现实的利益问题，更好地满足人民需求。按照党的十八届三中全会提出的要求，照顾和协调好各方面的利益就成为现代政府建设的关键。在当前全面深化改革的社会背景下，协调好多方利益的公信政府应做到：通过经济发展，把"蛋糕"做大，提升政府所提供的公共产品和服务的数量和质量，为多元主体利益的满足奠定坚实的物质基础；通过制定政策进行利益整合与协调，保障公共产品和服务提供过程的规范、公平和高效，保障多元主体利益维护的公平正义；充分发挥国家政权机关、政协组织、党派团体、基层组织、社会组织以及广大人民群众等多元利益主体参与治理的积极性，明确其在治理中的权责和义务。

满足社会的“需”

依法实施政府信息公开是政府密切联系人民群众、转变政风的内在要求，是提高政府公信力和保障公众知情权、参与权、监督权的重要举措。如果没有公开透明的信息，群众就不可能对事情作出准确的判断。因此，建设信息公开透明的现代公信政府，就成为政府建设的重要目标。就目前来说，保持透明并主动回应社会关切的公信政府应做到，一是持续完善政府信息公开工作机制，进一步明确政府信息公开的工作职责、程序标准和主要内容；规范政府信息公开的收集、审查、发布程序；明确政府信息公开分管领导、责任机构和联系人。二是不断拓宽政府信息公开渠道。在充分发挥政府网站作用的同时，各级政务服务中心和相关信息服务机构均要求设置政府信息公开查阅点供公众方便查阅信息，及时公布办事流程和办理进度情况。同时，进一步加强新闻发言人制度建设。三是加强其他公开渠道建设，除利用电视、广播、报纸等传统媒体外，各级相关部门应积极探索利用政务微博、微信等新媒体，及时发布各类权威政务信息，并充分利用新媒体的互动功能，以及时、便捷的方式与公众进行互动交流。

（原文发表于《光明日报》2014年9月3日）

参考文献

一 中文文献

1. 中文专著

[1] 陈振明：《公共管理学——一种不同于传统行政的研究途径》，北京：中国人民大学出版社2003年版。

[2] 邓国胜、肖明超：《群众评议政府绩效：理论、方法与实践》，北京：北京大学出版社2006年版。

[3] 喻敬明、林均跃、孙杰：《国家信用管理体系》，北京：社会科学文献出版社2000年版。

[4] 张海新：《国家信用》，大连：东北财经大学出版社2000年版。

[5] 吴晶妹：《现代信用学》，北京：中国金融出版社2002年版。

[6] 董克用：《构建公共服务型政府》，北京：中国人民大学出版社2007年版。

[7] 范柏乃：《政府绩效评估理论与实务》，北京：人民出版社2005年版。

[8] 金太军：《行政改革与行政发展》，南京：南京师范大学出版社2003年版。

[9] 井敏：《构建服务型政府：理论与实践》，北京：

北京大学出版社 2006 年版。

［10］李军鹏：《公共服务型政府》，北京：北京大学出版社 2004 年版。

［11］李习彬等：《政府管理创新与系统思维》，北京：北京大学出版社 2002 年版。

［12］刘靖华等：《政府创新》，北京：中国社会科学出版社 2002 年版。

［13］刘星：《服务型政府：理论反思与实践创新》，北京：中国政法大学出版社 2006 年版。

［14］刘旭涛：《政府绩效管理：制度、战略与方法》，北京：机械工业出版社 2003 年版。

［15］刘宇：《顾客满意度测评》，北京：社会科学文献出版社 2003 年版。

［16］卢现祥：《西方新制度经济学》，北京：中国发展出版社 2003 年版。

［17］马骏等：《西方公共行政学理论前沿》，北京：中国社会科学出版社 2004 年版。

［18］孟华：《政府绩效评估：美国的经验与中国的实践》，上海：上海人民出版社 2005 年版。

［19］彭国甫：《地方政府公共事业管理绩效评价研究》，长沙：湖南人民出版社 2004 年版。

［20］彭国甫：《行政组织学》，长沙：湖南师范大学出版社 1990 年版。

［21］彭国甫等：《地方政府绩效评估研究》，长沙：湖南人民出版社 2005 年版。

［22］彭国甫等：《县级政府管理模式创新研究》，长沙：湖南人民出版社 2005 年版。

［23］彭国甫：《地方政府公共事业管理绩效评估与模式创新研究》，北京：人民出版社 2010 年版。

［24］颜佳华：《行政哲学论》，长沙：湖南师范大学出版社 1998 年版。

［25］颜佳华等：《公共决策研究：文化视野中的阐释》，长沙：湖南人民出版社 2005 年版。

［26］颜佳华：《行政哲学研究》，湘潭：湘潭大学出版社 2009 年版。

［27］彭和平、竹立家等：《国外公共行政理论精选》，北京：中共中央党校出版社 1997 年版。

［28］齐中英、朱彬：《公共项目管理与评估》，北京：科学出版社、武汉出版社 2004 年版。

［29］胡晓东：《美国（联邦）政府公务员绩效管理体系研究》，北京：光明日报出版社 2012 年版。

［30］宋世明：《美国行政改革研究》，北京：国家行政学院出版社 1999 年版。

［31］唐铁汉：《深化行政管理体制改革》，北京：国家行政学院出版社 2006 年版。

［32］陶东明、陈明明：《当代中国政治参与》，杭州：浙江人民出版社 1998 年版。

［33］吴声功：《服务型政府的构建》，北京：社会科学文献出版社 2006 年版。

［34］肖陆军：《服务型政府：理论反思与实践创新》，北京：对外经济贸易大学出版社 2007 年版。

［35］鲍静等：《政府绩效管理理论与实践 》，北京：社会科学文献出版社 2012 年版。

［36］王丽平：《政府绩效管理研究》，北京：人民日

报出版社 2014 年版。

[37] 蔡立辉：《信息化时代的大都市政府及其治理能力现代化研究》，北京：人民出版社 2014 年版。

[38] 杨冠琼：《政府治理体系创新》，北京：经济管理出版社 2000 年版。

[39] 俞可平：《治理与善治》，北京：社会科学文献出版社 2000 年版。

[40] 曾峻：《公共管理新论——体系、价值与工具》，北京：人民出版社 2006 年版。

[41] 张成福、党秀云：《公共管理学》，北京：中国人民大学出版社 2001 年版。

[42] 张德信、薄贵利、李军鹏：《中国政府改革的方向》，北京：人民出版社 2003 年版。

[43] 张国庆：《行政管理学概论》，北京：北京大学出版社 2000 年版。

[44] 中国 21 世纪议程管理中心：《可持续发展指标体系的理论与实践》，北京：社会科学文献出版社 2004 年版。

[45] 周凯：《政府绩效评估导论》，北京：中国人民大学出版社 2006 年版。

[46] 俞可平：《论国家治理现代化》，北京：社会科学文献出版社 2014 年版。

[47] 朱光磊：《当代中国政府过程》，天津：天津人民出版社 2002 年版。

[48] 朱国玮：《公共服务供给绩效评价研究》，北京：中国教育文化出版社 2006 年版。

[49] 卓越：《公共部门绩效管理》，福州：福建人民

出版社 2004 年版。

2. 中文译著

[50] [澳] 欧文·休斯:《公共管理导论》, 彭和平等译, 北京: 中国人民大学出版社 2001 年版。

[51] [德] 马克斯·韦伯:《经济与社会》, 林荣远译, 北京: 商务印书馆 1997 年版。

[52] [法] 卢梭:《社会契约论》, 何兆武译, 北京: 商务印书馆 2003 年版。

[53] [法] 孟德斯鸠:《论法的精神》, 张雁深译, 北京: 商务印书馆 1961 年版。

[54] [美] B. 盖伊·彼得斯:《政府未来的治理模式》, 张成福译, 北京: 中国人民大学出版社 2001 年版。

[55] [美] H. 詹姆斯·哈里顿等:《标杆管理——瞄准并超越一流企业》, 欧阳袖等译, 北京: 中信出版社 2003 年版。

[56] [美] 阿里·哈拉契米等:《政府业绩与质量测评——问题与经验》, 张梦中等译, 广州: 中山大学出版社 2003 年版。

[57] [美] 彼得·罗西、霍华德·弗里曼、马克·利普希:《项目评估: 方法与技术》(第六版), 邱泽奇译, 北京: 华夏出版社 2002 年版。

[58] [美] 查尔斯·沃尔夫:《市场或政府》, 谢旭译, 北京: 中国发展出版社 1994 年版。

[59] [美] 戴维·H. 罗森布鲁姆、罗伯特·S. 克拉夫丘克:《公共行政学: 管理、政治和法律的途径》, 张成福等译, 北京: 中国人民大学出版社 2002 年版。

[60] [美] 戴维·奥斯本, 彼德·普拉斯特里克:

《摒弃官僚制：政府再造的五项战略》，谭功荣、刘霞译，北京：中国人民大学出版社 2002 年版。

［61］［美］戴维·奥斯本、特德·盖布勒：《改革政府——企业家精神如何改革着公营部门》，周敦仁译，上海：上海译文出版社 1996 年版。

［62］［美］丹尼斯·C. 缪勒：《公共选择理论》，杨春学译，北京：中国社会科学出版社 1999 年版。

［63］［美］道格拉斯·C. 诺斯：《经济史中的结构与变迁》，历以平译，上海：上海三联书店 1992 年版。

［64］［美］道格拉斯·C. 诺斯：《制度、制度变迁与经济绩效》，刘守英译，上海：上海三联书店 1994 年版。

［65］［美］菲利克斯·尼格罗等：《公共行政学简明教程》，郭晓平等译，北京：中共中央党校出版社 1997 年版。

［66］［美］赫伯特·西蒙：《管理行为：管理组织决策过程的研究》，杨砾等译，北京：北京经济学院出版社 1988 年版。

［67］［美］凯瑟琳·纽科默等：《迎接业绩导向型政府的挑战》，张梦中等译，广州：中山大学出版社 2003 年版。

［68］［美］罗伯特·S. 卡普兰、大卫·P. 诺顿：《战略中心型组织》，周大勇等译，北京：人民邮电出版社 2004 年版。

［69］［美］迈克尔·麦金尼斯：《多中心体制与地方公共经济》，毛寿龙等译，上海：上海三联书店 2000 年版。

[70]［美］曼库尔·奥尔森：《集体行动的逻辑》，陈郁，郭宇峰，李崇新译，上海：上海三联书店1995年版。

[71]［美］尼古拉斯·亨利：《公共行政与公共事务》（第七版），项龙译，北京：华夏出版社2002年版。

[72]［美］帕特里夏·基利等：《公共部门标杆管理——突破政府绩效的瓶颈》，张定淮译，北京：中国人民大学出版社2002年版。

[73]［美］约翰·罗尔斯：《正义论》，何怀宏等译，北京：中国社会科学出版社1988年版。

[74]［英］哈耶克：《自由秩序原理》，邓正来译，北京：生活·读书·新知三联书店1997年版。

[75]［英］科恩：《论民主》，聂崇信译，北京：商务印书馆1994年版。

[76]［英］理查德·威廉姆斯：《组织绩效管理》，北京：清华大学出版社2002年版。

[77]［英］约翰·洛克：《政府论两篇》，赵伯英译，西安：陕西人民出版社2004年版。

3. 中文论文

[78]［美］马克·霍哲：《公共部门业绩评价与改善》，张梦中译，《中国行政管理》2000年第3期。

[79]包国宪、曹西安：《我国地方政府绩效评价的回顾与模式分析》，《兰州大学学报》（社会科学版）2007年第1期。

[80]包国宪、孙加献：《政府绩效评价中的“顾客导向”探析》，《中国行政管理》2006年第1期。

[81]包国宪：《绩效评价：推动地方职能转变的科学

工具》,《中国行政管理》2005 年第 7 期。

[82] 蔡立辉:《西方国家政府绩效评估的理念及其启示》,《清华大学学报》(哲学社会科学版)2003 年第 1 期。

[83] 蔡立辉:《政府绩效评估:现状与发展前景》,《中山大学学报》(社会科学版)2007 年第 5 期。

[84] 陈天祥:《政府绩效评估的经济、政治和组织功能》,《中山大学学报》(社会科学版)2005 年第 6 期。

[85] 程倩:《行进中的服务行政理论》,《中国行政管理》2005 年第 4 期。

[86] 王国红、马瑞:《地方政府公信力的流失与重塑——多元协同治理的视角》,《湖南师范大学社会科学学报》2013 年第 2 期。

[87] 高建华:《论服务行政视域下的政府绩效评估》,《学术论坛》2005 年第 7 期。

[88] 郭小聪、肖生福:《中国行政学学科建设:困境与出路》,《中国人民大学学报》2006 年第 6 期。

[89] 折晓叶:《县域政府治理模式的新变化》,《中国社会科学》2014 年第 1 期。

[90] 胡宁生:《构建公共部门的绩效管理体系》,《中国行政管理》2006 年第 3 期。

[91] 胡税根、金玲玲:《我国政府绩效管理和评估法制化问题研究》,《公共管理学报》2007 年第 1 期。

[92] 李景鹏:《从管制型政府向服务型政府的转变》,《新视野》2004 年第 5 期。

[93] 李靖:《在中国建设服务型政府的理论基础》,《政治学研究》2005 年第 4 期。

[94] 李习彬：《中国政府管理创新体系研究》，《国家行政学院学报》2002年第6期。

[95] 杨畅：《现代公信政府的衡量标准》，《光明日报》2014-09-03。

[96] 杨畅：《政府诚信的构建路径》，《光明日报》2013-02-16。

[97] 杨畅：《当代中国政府公信力评估指标体系构建探析》，《中国行政管理》2013年第12期。

[98] 杨畅：《长株潭区域政府公共服务绩效评估体系构建背景与价值》，《求索》2010年第6期。

[99] 杨畅、王前：《政府绩效评估与当代中国政府公信力建设的价值与逻辑契合》，《伦理学研究》2011年第2期。

[100] 杨畅：《绩效提升视角的当代中国政府公信力评估实施方略》，《湖南师范大学学报》2011年第3期。

[101] 杨畅、贺培育：《标杆管理：地方社会科学院科研管理创新探析》，《社会科学管理与评论》2009年第4期。

[102] 杨畅：《标杆管理：地方政府绩效评估系统改进思路探析》，《湖南科技大学学报》2008年第6期。

[103] 杨畅：《基于标杆管理的地方经济发展绩效提升研究》，《求索》2008年第5期。

[104] 杨畅：《地方政府公共事业发展经费保障机制研究》，《中共四川省委党校学报》2007年第3期。

[105] 杨畅等：《绩效文化：政府绩效管理之魂》，《湖南社会科学》2004年第3期。

[106] 童中贤、杨畅：《和谐社会建设中的政府诚信

建设研究》，《理论探讨》2008年第1期。

[107] 王前、杨畅：《构建治理型地方政府公共事业管理机制的创新途径》，《湖南社会科学》2008年第1期。

[108] 潘小刚、杨畅：《基于信息非对称的政府信用流失与行政成本研究》，《湖南行政学院学报》2006年第1期。

[109] 贺培育、杨畅：《政府公信力研究综述与展望》，《求索》2005年第12期。

[110] 刘贵忠、杨畅：《公众满意：创新政府管理的价值引导》，《湖湘论坛》2004年第5期。

[111] 张旭霞：《试论政府公信力和公众的话语权》，《中国行政管理》2006年第9期。

[112] 吴建南：《公众参与、绩效评价与公众信任——基于某市政府官员的实证分析》，《武汉大学学报》2007年第2期。

[113] 刘熙瑞：《服务型政府：本质及其理论基础》，《国家行政学院学报》2004年第5期。

[114] 冉冉：《提高政府公信力：第七届全球政府创新论坛综述》，《经济社会体制比较》2007年第5期。

[115] 石亚军：《构建和谐社会中政府风险管理的公权角色》，《中国行政管理》2005年第9期。

[116] 唐铁汉、李军鹏：《努力提高政府公信力》，《光明日报》2005-02-01。

[117] 王翠英：《现代公信力的道德价值》，《光明日报》2005-07-26。

[118] 薄贵利：《十大因素影响政府公信力》，《人民日报》2008-11-05。

[119] 罗德刚：《论全面推进地方公共服务型政府建设》，《中国行政管理》2004年第7期。

[120] 张维迎、柯荣住：《信任及其解释：来自中国的跨省调查分析》，《经济研究》2002年第10期。

[121] 薄贵利：《推进政府治理现代化》，《中国行政管理》2014年第5期。

[122] 何显明：《转型期地方政府信用资源流失的制度分析》，《学习与探索》2003年第2期。

[123] 王和平：《论政府信用建设》，《政治学研究》2003年第1期。

[124] 张成福、孟庆存：《重建政府与民众的信任关系——西方国家的经验》，《国家行政学院学报》2003年第3期。

[125] 孟华：《中国政府绩效评估实践的特色——从基础因素分析入手的分析》，《上海交通大学学报》（哲学社会科学版）2004年第3期。

[126] 倪星：《地方政府绩效评估指标的设计与筛选》，《武汉大学学报》（哲学社会科学版）2007年第2期。

[127] 彭国甫：《地方政府公共事业管理绩效评价指标体系研究》，《湘潭大学学报》（哲学社会科学版）2005年第3期。

[128] 彭国甫：《地方政府绩效评估程序的制度安排》，《新华文摘》2005年第8期。

[129] 彭国甫：《构建地方政府绩效评估体系的三个基本问题》，《湘潭大学学报》（哲学社会科学版）2007年第4期。

[130] 彭国甫：《绩效评估：地方政府管理创新的新途径》，《西安交通大学学报》（社会科学版）2007年第4期。

[131] 彭国甫：《中国政府绩效评估研究的现状及展望》，《中国行政管理》2006年第11期。

[132] 颜佳华：《公共行政价值选择与观念转型——和谐社会视野中的阐释》，《科学社会主义》2007年第2期。

[133] 颜佳华、王升平：《论善治理论在我国地方公共管理中的适用性——基于善治理论缺失的考察》，《北京行政学院学报》2008年第1期。

[134] 颜佳华、李红波：《当前我国政府权力运行机制研究综述》，《湖南社会科学》2007年第1期。

[135] 盛明科、刘贵忠：《政府服务的公众满意度测评模型与方法研究》，《湖南社会科学》2006年第1期。

[136] 盛明科、彭国甫：《公共服务型政府绩效评估体系构建研究论纲》，《东南学术》2008年第3期。

[137] 盛明科：《服务型政府绩效评估体系研究的理论基础与现实依据》，《湘潭大学学报》（哲学社会科学版）2008年第1期。

[138] 王健：《重塑地方政府政绩指标》，《国家行政学院学报》2005年第1期。

[139] 王谦、李锦红：《政府部门公众满意度评价的一种有效实现途径》，《中国行政管理》2006年第1期。

[140] 吴建南、孔晓勇：《以公众服务为导向的政府绩效改进分析》，《中国行政管理》2005年第8期。

[141] 武玉英、张璋：《我国政府绩效指标体系设计

的几个基本取向》,《中国行政管理》2007 年第 5 期。

[142] 徐绍刚:《建立健全政府绩效评价体系的构建》,《政治学研究》2004 年第 3 期。

[143] 尤建新:《公众满意理念及公众满意度评价》,《上海管理科学》2004 年第 2 期。

[144] 臧乃康:《政府绩效评估及其系统分析》,《江苏社会科学》2004 年第 2 期。

二 英文文献

[145] Alan K. Campbell. "Reflections on CSRA's First Decade". *The GAO Journal*, Spring, 1989.

[146] Angela Antonelli. "The 1993 Results Act: What are the Results?". *Regulation*, Washington, Summer, 1998.

[147] Barry White. *Performance – Informed Managing and Budgeting for Federal Agencies: An Update*, Council for Excellence in Government. 2003.

[148] Beryl A. Radin. "Intergovernmental Relationships and the Federal Performance Movement". *Publius*, Philadelphia, Winter, 2000.

[149] Beryl A. Radin. "The Government Performance and Results Act". *Public Administration Review*, 1998 (8).

[150] Carl De Maio. *Government Logic Model.* http://www. performance web. org/, 2003.

[151] Claudle, S. L.. "Productivity Politics: Guilding the Farthing". *Public Productivity Review*, 1987 (44).

[152] David N. Ammons. "Common Barriers to Produc-

tivity Improvement in Local Government". *Public Productivity Review*, 1985.

[153] Donahue, Amy K., Selden, Sally C. and Ingraham, Pattricia W.. "Measuring Government Management Capacity: A Comparative Analysis of City Human Resource Management Systems". *Journal of Public Administration Research and Theory*, V. 10, 2000.

[154] Donald F. Kettle. *Putting Performance Management to Work in the Federal Government.* Paper of the 2001 Ananual.

[155] Donald F. Kettl. *Reinventing Government: A Fifth – Year Report Card.* A Report of the Brookings Institution's Center for Public Management, 1998.

[156] Dwight Waldo. *The Administrative State.* New York: Ronald Press, 1948.

[157] Dwight Waldo. "The Administration and Culture". *Public Administration and Democracy: Essays in Honor of Paul Appleby.* Syracuse University Press, 1965.

[158] Ellen Taylor, Powell. *The Logic Model: Program Performance Framework.* http: //www. raguide. org, 2001.

[159] Executive Session on Public Sector Performance Management, John F. Kennedy School of Government, Harvard University. *Get Results Through Performance Management: An Open Memorandum to Government Executives.* State and Local Version, 2001.

[160] Fandray, Dayton. "The New Thinking in Performance Appraisal". *Workforce*, 2001 (5).

[161] Gortner, Harold F., Julianne Mahler and Jeanne Bell Nicholson. *Organization Theory: A Public Perspective (Second Edition)*. New York: Harcourt Brace College Publishers, 1997.

[162] Gulick, Luther. "Science, Values, and Public Administration". *The Science of Administration*. New York: Institute of Public Administration, 1937.

[163] H. G. Fredericksen. *Classics of Public Administration*. Hartcourt Brace College Publishers. Fort Worth: Texas, 1997.

[164] H. P. Hatry, J. R. Fountain, J. M. Sullivan, JR., L. Kremer. *Service Efforts and Accomplishments Resorting: Its Time Has Come*. Norwalk, CT: Governmental Accounting Standards Board. 1990.

[165] Halachmi, Arie. "Community Disaster: Implication for Management". *Midwest Review of Public Administration*, 1978, (12).

[166] Hood Christopher. "A Public Management for all Seasons?". *Public Administration*, 1991 (1).

[167] Hughes, O. E.. *Public Management & Administration——An Introduction*. London: Macmillan Press Ltd, 1998.

[168] Issac - Henry, Kester. *Management in the Public Sector: Challenge and Change*. London: Thomson Business Press, 1997.

[169] James B. Whittaker. "Strategy and Performance Management in the Government". http: //www. pilotsoft-

ware. com, 2005.

[170] James L. Perry. *Handbook of Public Administration (Second Edition)*. Jossey - Bass Inc. , Publishers, 1996.

[171] Janet M. Kelly, David Swindell. "A Multiple - Indicator Approach to Municipal Service Ealuation: Correlating Performance Measurement and Citizen Satisfaction across Jurisdictions". *Public Administration Review*, Sep/Oct, 2002.

[172] Patricia W. Ingraham and Donald P. Moynihan, *Evolving Dimensions of Performance from the CSRA onward, the Future of Merit——Twenty Years after the Civil Service Reform Act*, 2000.

[173] Paul Epstein. "Engaging Citizens in Achieving Results that Matter: A Model for Effective 21st Century Government". *ASPA' s Center for Accountability and Performance Conference*, February, 2000.

后记

政府公信力、政府绩效评估研究是当前公共管理领域研究的热点和难点，也是政府管理实践活动的瓶颈，以两者的结合研究为选题，2010年我申报国家社会科学基金课题——绩效管理视角下的当代中国政府公信力研究，并获批准立项（10CZZ003）。对于一个年轻学者来说，这种奋斗的成就感和收获的欣喜感着实让人振奋。以此为契机，我将课题同时作为博士论文选题，开始了相关研究工作。此刻，作为国家社会科学基金课题的成果和博士论文的著作即将出版，内心更多的是一种感恩之情、感谢之意，因为自己一点点成绩的取得都离不开母校的培育、导师的培养、领导的关爱、朋友的关心和家人的支持。

弹指一挥间，湘潭大学10年求学生涯，伴随着湘潭大学行政管理专业从本科专业、具备硕士点、具备公共管理一级学科硕士点、具备博士点、具备博士后流动站到成功申报公共管理一级学科博士点，我自己的求学生涯也从本科、硕士到博士。就是在这一片热土上，当年一个16岁的小孩子，脸上写满的都是一份青涩，在1998年，跨入了湘潭大学的三道拱门，选择了还是发展初期的学科专业——行政管理。时光飞逝，现在，他所选择的行政管理专业已发展成为国内学术界的标杆之一。

感谢我的硕士生导师彭国甫先生。他通过严以律己、宽以待人的崇高风范，朴实无华、平易近人的人格魅力，无微不至、感人至深的人文关怀，兢兢业业、敢打敢拼的事业精神向我们作了最好的诠释。他从高校到地方任职之后，工作更加的忙碌，但仍一直给予学生莫大的关心和提携！

硕士毕业时，抱着考博士就要考上北京大学的雄心壮志，彭国甫老师给予了我极力的推荐。自己明明知道北大的博士英语考试可以说是全国最难的，自身英语水平又不高，却还是满怀斗志地出发了，大年初九搭上北上的火车，去北京奋斗了一个月。考试成绩出来时，我的专业成绩是名列前茅的，但最终因为英语差了2分，而没能前往。硕士毕业后，到了湖南省社会科学院工作，在这个过程中，彭国甫老师和颜佳华老师不断地鼓励我把握机会继续深造，2007年和2008年，两度努力终于获得了镀金的机会。

感谢我的博士生导师颜佳华先生，他儒雅而幽默，淡定而宁静。他对我不论是在学业上还是在工作上都十分的关心，在学业上严格要求，潜心指导；在工作上关心询问、多加提点。我总是觉得，他作为一名思想舞者，在公共管理研究领域筚路蓝缕、潜心研究近20年，耕耘在这重要但并不是很多人耐得住寂寞的研究领域，体现的是一个学者的品位和信念。正是他的这种精神和信念，在不断地鼓励着我克服工作中的困难，积极追求学业进步。

感谢我的论文评阅人湖南大学李树丞教授、湖南大学李林教授、广州大学陈潭教授、中南大学冯周卓教授、湘潭大学成志刚教授，他们的指导给予我很大的帮助。感谢湖南师范大学吴家庆教授、湖南师范大学李培超教授，感谢他们对我论文的指导和帮助。

感谢湖南省社会科学院的领导、师长和科研处的全体同仁，是他们的关心、支持和帮助，让我在工作和学习生活中充满了无限的正能量。

感谢中国社会科学出版社的韩国茹女士及有关同仁为本书问世的鼎力相助。

感谢我的妻子龚展女士，能与她邂逅并携手一生是我的幸福，感谢她对我学业和事业的全力支持。感谢我的儿子杨曜声，喜欢黏着我的他，让我感觉到当一个好爸爸的幸福。感谢我的父母和岳父母，在他们眼中我永远都是长不大的孩子，他们为了把我培养成才，克服了很多艰辛，付出了很多努力，千言万语都无法表达我的感激和对他们的爱。

“心有多大，舞台就有多大”，不论是学术研究，还是生活工作，都有无限的求知空间和上升空间，让我们大家一起努力，在把握好幸福度的基础上，去拼搏、打造出更新、更好、更出彩的舞台。

杨畅

2015 年 5 月 27 日书于长沙